中国旅游城市品牌个性感知研究

基于广东入境游客视角

梁江川 著

暨南大学出版社
JINAN UNIVERSITY PRESS

中国·广州

图书在版编目（CIP）数据

中国旅游城市品牌个性感知研究：基于广东入境游客视角/梁江川著. —
广州：暨南大学出版社，2016.7
ISBN 978 – 7 – 5668 – 1749 – 5

Ⅰ. ①中… Ⅱ. ①梁… Ⅲ. ①旅游城市—研究—中国 Ⅳ. ①F592

中国版本图书馆 CIP 数据核字（2016）第 033953 号

中国旅游城市品牌个性感知研究：基于广东入境游客视角
ZHONGGUO LUYOU CHENGSHI PINPAI GEXING GANZHI YANJIU：
JIYU GUANGDONG RUJING YOUKE SHIJIAO
著　者：梁江川
···

出 版 人：徐义雄
策划编辑：潘雅琴
责任编辑：杨柳婷　范小娜
责任校对：周海燕
责任印制：汤慧君　王雅琪

出版发行：暨南大学出版社（510630）
电　　话：总编室（8620）85221601
　　　　　营销部（8620）85225284　85228291　85228292（邮购）
传　　真：（8620）85221583（办公室）　85223774（营销部）
网　　址：http：//www. jnupress. com　http：//press. jnu. edu. cn
排　　版：广州良弓广告有限公司
印　　刷：深圳市新联美术印刷有限公司
开　　本：787mm×960mm　1/16
印　　张：12.75
字　　数：220 千
版　　次：2016 年 7 月第 1 版
印　　次：2016 年 7 月第 1 次
定　　价：30.00 元

（暨大版图书如有印装质量问题，请与出版社总编室联系调换）

序

　　当今中国旅游正以前所未有的速度向前发展，旅游因其综合性强的特征而不断拓展其概念边界，给旅游研究者带来越来越多新的挑战。在激烈的国内外旅游市场竞争中，塑造城市旅游品牌成为提升区域综合竞争力的重要手段。旅游城市品牌塑造是一项复杂的系统工程，涉及政治、经济、文化、社会、环境等方面。本书从品牌的灵魂要素"品牌个性"角度着眼，通过实证分析的方法，研究入境游客如何感知当代中国旅游城市的品牌个性，这是一个兼具理论和实践意义的研究项目，也是中国旅游品牌国际化道路上亟待研究的基础性课题。

　　国际旅游市场的竞争实质是旅游目的地之间的品牌竞争，而品牌竞争的关键是确立品牌的个性。旅游管理部门的主要职能是对外宣传和推广旅游目的地品牌形象，只有确立了旅游目的地的品牌个性，围绕品牌而开展的一系列营销活动才能做到有的放矢。旅游城市的品牌管理是对全域资源的统筹协调，以品牌为中心，整合分属不同利益相关者的、内部结构松散的资源，最终实现区域整体目标最优。本书最大的学术价值在于，综合运用了管理学、心理学、语言学、统计学等多学科理论和方法，通过长时间跨度、多语种的问卷抽样调查，构建了当代中国旅游城市品牌个性的多维框架，由活力、真诚、现代、文化、粗犷、随和六个因子构成，并验证了六个因子结构的信度和效度。书中既有理论性和逻辑性的思考，又有立足国际旅游营销最前线的实际应用探讨，对于旅游工程学是一本很有实用价值的书作。

　　本人是力学学者，在20世纪80年代改革开放初期又有幸从事经济管理理论与应用研究工作，从1984年开始，先后参加和主持开展了黄山旅游区规划、崇明岛发展战略、上海旅游交通和酒店管理等研究工作。1986年，我担任上海工业大学经济管理学院首任院长，开始指导经济管理专业的研究生，并讲授"旅游工程学"等课程，提出中国旅游学研究应该建立"旅游工程学"。本书作者梁江川是我在暨南大学旅游工程研究方向上招收和指导的弟子。他本科就读于哈尔滨工业大学，硕士在韩国汉阳大学观光系学习，随后在暨南大学旅游管理系攻读博士学位，并先后在广东省旅游局旅游发展研究中心和国家旅游局驻首尔办事处工作，对国际旅游市场具有扎实的理论基础和丰富的实践经验。作为他的导师，我非常欣喜地看到此书的出版，中国旅游城市品牌个性是一个值得持续研究的课题，我相信，这本书将成为该领域研究的基石之一，也将为广大旅游实务管理者提供有益的借鉴。

2015 年 12 月 11 日

目　录

图目录

表目录

1 绪 论

本章介绍本书选题的国内外背景，对研究对象和范围进行界定，说明拟研究的问题及其实践意义和理论意义，从研究方法和内容方面介绍全书的研究框架。

1.1 选题背景

1.1.1 世界旅游目的地进入品牌个性竞争阶段

近年来，全球许多国家和地区都已深刻意识到品牌战略对于旅游目的地营销的重要意义，纷纷在目的地品牌建设和推广上不遗余力。各类媒体上出现形形色色的旅游品牌宣传广告，各种旅游会展也扎堆宣传世界各地的旅游品牌，品牌战略在旅游领域的广泛应用不断提高目的地品牌竞争的层次。面对信息泛滥的旅游目的地品牌丛林，单靠资源实体的特色已无法触动潜在消费者的神经，因为随着各地旅游目的地建设的日臻完善，资源趋同、功能趋同的旅游目的地比比皆是，美丽风光、阳光沙滩、热情服务、舒适设施等已是很多旅游目的地普遍具备的基本特征。为了在更高层次的品牌竞争领域脱颖而出，旅游目的地管理部门在品牌推广策略上开始从推销资源实体转向激发消费者心理层面的情感和个性。不少旅游目的地尝试开发与目标客源市场人格特质相匹配的品牌个性，并以充满感染力的口号、图标、系列推广活动为载体，旨在唤醒潜在消费者更深层次的出游欲望，并让这种欲望上升为稳定的情感，从而持久地保留在消费者心中。例如，加拿大推出"加拿大，探索无止境"（Canada, Keep Exploring）品牌，不仅传递出加拿大地大物博、富裕、多元化的国家形象，而且激发了人们探索未知世界、实现自我价值的深层次需求；法国推出"相约法国"

（Rendez-vous en France）品牌，并在品牌标志中使用玛丽安娜的图像，生动地表现了法国美丽、浪漫、优雅的形象，迎合了人们的审美情趣；韩国推出"韩国，炫动之旅"（Korea，Be Inspired）品牌，彰显韩国旅游的动感活力和以情动人的特点；新加坡推出"非常新加坡"（Uniquely Singapore）品牌，旨在提供专属于游客自己的、独一无二的旅游体验；泰国推出"神奇泰国：总让你惊喜"（Amazing Thailand：Always Amazes You）品牌，引发了人们求新、求异的欲望。上述品牌内容详见表 1 - 1。

表 1 - 1　世界著名旅游目的地品牌示例

国家	宣传口号	图标
加拿大	Canada，Keep Exploring 加拿大，探索无止境	
法　国	Rendez-vous en France 相约法国	
韩　国	Korea，Be Inspired 韩国，炫动之旅	
新加坡	Uniquely Singapore 非常新加坡	
泰　国	Amazing Thailand： Always Amazes You 神奇泰国：总让你惊喜	

资料来源：根据上述国家的旅游官方网站资料整理而成。

　　此外，一些能带来良好市场效应的品牌个性词汇也成为多个旅游目的地管理部门争抢的对象。例如，代表"神奇"之意的"Amazing"，被泰国国家旅游局、安徽省旅游局、四川省旅游局作为当地旅游品牌个性，常常同时出现在国际旅游会展现场，旅游目的地品牌个性竞争的激烈程度可见一斑，如图1-1所示。如何在品牌丛林中确立旅游目的地独具魅力的品牌个性是业界普遍关注的焦点。

图1-1　各地旅游部门争用"神奇"品牌个性的案例

1.1.2　世界旅游市场竞争日趋激烈

在世界范围内许多国家和地区都高度重视旅游业的发展，将发展旅游业提升到国家战略的高度。例如，美国政府于2012年实施《国家旅行和旅游战略》总统令，要求联邦政府各个部门必须树立旅游业优先发展的理念；日本政府于2009年建立"全政府推动观光立国"体制，制定实施《推进观光立国基本法》，明确将旅游定位为"21世纪日本首要政策的主轴"；韩国政府在2013年提出，旅游业是"创造经济的引擎"，要将韩国建设成为"观光大国"。据世界旅游组织统计，亚太地区是近年来全球国际旅游市场增长速度最快的地区，2011—2013年均保持着6%以上的增幅。尤其是韩国、日本、泰国、新加坡、印度、澳大利亚等亚太国家通过增加旅游产业导向性投入、改善公共服务设施、加强旅游宣传促销力度，以优美的自然人文环境、完善的公共服务设施、超值的性价比，逐渐成为热门的旅游目的地，在一定程度上分流了部分原本属于中国的客源。相比中国国际旅游市场持续下滑的情况，泰国（18.8%）、韩国（9.3%）、日本（24.0%）、印度尼西亚（9.4%）、越南（10.6%）、菲律宾（9.5%）、柬埔寨（17.5%）、斯里兰卡（26.7%）、马尔代夫（17.4%）等国却呈现快速增长态势，增速超过亚太地区平均水平（6.2%），详见表1-2。中国周边国家和地区旅游综合实力的快速崛起，加剧了区域之间的国际客源市场竞争，给中国入境旅游市场带来严峻挑战。

表 1-2　亚太主要国家和地区国际旅游人数及同比增幅（2011—2013）

国家及地区	国际旅游人数（万人次）			同比增幅（%）		
	2011	2012	2013	2011	2012	2013
亚太地区	21 851.1	23 353.4	24 807.0	6.6	6.9	6.2
中国大陆	5 758.1	5 772.5	5 568.6	3.4	0.3	-3.5
马来西亚	2 471.4	2 503.3	2 571.5	0.6	1.3	2.7
中国香港	2 231.6	2 377.0	2 566.1	11.1	6.5	8.0
泰　国	1 923.0	2 235.4	2 654.7	20.7	16.2	18.8
中国澳门	1 292.5	1 357.7	1 426.8	8.4	5.0	5.1
韩　国	979.5	1 114.0	1 217.6	11.3	13.7	9.3
新加坡	1 039.0	1 109.8	—	13.4	6.8	—
日　本	621.9	835.8	1 036.4	-27.8	34.4	24.0
印　尼	765.0	804.4	880.2	9.2	5.2	9.4
中国台湾	608.7	731.1	801.6	9.3	20.1	9.6
越　南	625.1	684.8	757.2	23.8	9.6	10.6
印　度	630.9	657.8	684.8	9.2	4.3	4.1
澳大利亚	577.1	603.2	638.1	-0.3	4.5	5.8
菲律宾	391.7	427.3	468.1	11.3	9.1	9.5
伊　朗	335.4	383.4	—	14.2	14.3	—
柬埔寨	288.2	358.4	421.0	14.9	24.4	17.5
新西兰	251.1	247.3	—	3.1	-1.5	—
老　挝	178.6	214.0	—	6.9	19.4	—
关　岛	116.0	130.8	133.4	-3.1	12.8	2.0
斯里兰卡	85.6	100.6	127.5	30.8	17.5	26.7
巴基斯坦	116.1	96.6	—	28.1	-16.8	—
马尔代夫	93.1	95.8	112.5	17.6	2.9	17.4

注："—"表示资料缺失。

资料来源：世界旅游组织（UNWTO），Tourism Highlights 2014。

1.1.3 中国国家品牌实力出现弱化

根据未来品牌调研公司发布的国家品牌指数报告，中国国家品牌在全球118个国家和地区中排名中下游，而且中国国家品牌排名从2009年的第48位下降到2012年的第66位，如表1-3所示，低于日本、新加坡、阿联酋、泰国、马来西亚、印度、韩国等亚洲国家。该国家品牌指数的评分标准包括价值体系、生活质量、商业机会、遗产与文化、旅游五个方面。其中，旅游方面的评价指标包括货币价值、吸引物、度假及住宿设施选择、美食。中国国家品牌的失分点主要在于价值体系方面，包括政治自由、环境友好、言论自由与宽容等方面，在全球排名第102位。而中国最突出的品牌优势在于"遗产与文化""旅游"两方面。其中，中国在"遗产与文化"中的"历史"项排名全球第14位，在"旅游"中的"购物"项排名第6位，在"旅游"中的"夜生活"项排名第14位。由此可见，以历史、购物、夜生活为特色的旅游品牌是中国国家品牌的主要得分点，旅游品牌是塑造国家品牌最自然、最有效的手段之一。旅游业是带动系数大、关联性强、综合效益好的战略性产业，具有"一业兴、百业旺"的特点，塑造旅游品牌不需要投入巨资建设硬件设施，只需巧用各种营销手段，就能快速建立良好的品牌形象。中国国家品牌可以以旅游品牌为发力点，通过实施旅游品牌战略，提升国家的整体品牌形象。因此，如何通过塑造良好的旅游品牌形象提升国家整体品牌形象，已成为摆在中国政府部门面前的重要课题。

表1-3 世界主要国家品牌排名（2009—2012）

年份	2009	2010	2011	2012
瑞　　士	11	5	2	1
加 拿 大	2	1	1	2
日　　本	7	6	4	3
瑞　　典	21	10	7	4
新 西 兰	4	3	3	5
澳大利亚	3	2	5	6
德　　国	9	11	11	7

（续上表）

年份	2009	2010	2011	2012
美　国	1	4	6	8
芬　兰	16	8	8	9
挪　威	22	13	12	10
新加坡	13	15	16	14
阿联酋	23	28	25	23
泰　国	20	26	26	26
马来西亚	40	42	43	36
印　度	18	23	29	42
韩　国	39	44	42	49
中　国	48	56	65	66
越　南	57	63	59	69
尼泊尔	60	59	61	70
卡塔尔	66	70	72	72
印　尼	64	72	76	78

注：表格中的数值表示该国国家品牌在全球的名次。

1.1.4　中国旅游竞争力有待提升

尽管中国入境旅游人数与收入位居世界前列，但中国入境旅游市场的国际化程度其实并不高。中国入境旅游市场有 2/3 以上的份额属于港澳台同胞市场，尤其是出入广东的港澳同胞，大部分属于通勤、探亲等日常生活性往来，并非真正意义上的游客。世界经济论坛（WEF，又称达沃斯论坛）公布的《2011 世界旅游业竞争力报告》称：中国大陆的整体旅游竞争力在亚太地区排名第 9 位，在世界排名第 39 位，落后于新加坡、澳大利亚、新西兰、日本、韩国、马来西亚等国家。该报告从政府规制框架、商业环境和基础设施、人文、文化和自然资源细分评价指标入手，针对全球 139 个国家及地区进行统计和分析。在多项细分评价指标中，中国大陆的人文、文化和自然资源竞争力排名较前，居第 12 位，而政府规制框架、商

业环境和基础设施竞争力排名靠后，分别居第 71 位和第 64 位，详见表
1-4。从丰富的旅游资源、庞大的出入境旅游人数来看，中国是世界公认
的旅游大国，但从旅游竞争力来看，中国距离旅游强国的目标仍有不少差
距。中国从旅游大国迈向旅游强国的过程中，需要在促进旅游业发展的政
府规制框架、商业环境和基础设施等软实力方面大力完善和提高，尤其是
国家旅游品牌塑造，属于政府管理中至关重要的一环，直接关系到旅游竞
争力的提升。

表 1-4　亚太各国家和地区旅游竞争力指标排名

国家及地区	整体竞争力		政府规制框架	商业环境和基础设施	人文、文化和自然资源
	地区排名	全球排名	全球排名	全球排名	全球排名
新 加 坡	1	10	6	4	23
中国香港	2	12	4	13	24
澳大利亚	3	13	36	17	4
新 西 兰	4	19	13	25	22
日　　本	5	22	27	32	14
韩　　国	6	32	50	28	27
马来西亚	7	35	60	40	18
中国台湾	8	37	46	31	55
中国大陆	9	39	71	64	12
泰　　国	10	41	77	43	21
文　　莱	11	67	96	50	63
印　　度	12	68	114	68	19
印　　尼	13	74	94	86	40
越　　南	14	80	89	89	46
斯里兰卡	15	81	79	83	68
阿塞拜疆	16	83	59	87	105
哈萨克斯坦	17	93	65	88	123

（续上表）

国家及地区	整体竞争力		政府规制框架	商业环境和基础设施	人文、文化和自然资源
	地区排名	全球排名	全球排名	全球排名	全球排名
菲律宾	18	94	98	95	75
蒙古	19	101	97	112	86
吉尔吉斯斯坦	20	107	95	132	100
柬埔寨	21	109	110	118	81
尼泊尔	22	112	106	128	101
塔吉克斯坦	23	118	88	130	128
巴基斯坦	24	125	129	102	122
缅甸	25	129	130	113	131
东帝汶	26	134	123	138	134

资料来源：世界经济论坛.2011世界旅游业竞争力报告。

1.1.5 中国入境旅游市场持续下滑

自 2008 年全球金融危机以来，中国入境旅游人数整体呈现持续下降态势，2010—2011 年稍有反弹，但 2012—2014 年连续三年走低，平均跌幅在 1.7% 左右。2014 年，全国入境旅游人数 1.28 亿人次，不及 2007 年水平（详见表 1-5）。究其原因，主要有四方面影响因素：①环境污染日益加重，全国大部分城市持续出现的雾霾污染目前已成为制约境外游客赴华旅游的最大障碍因素，许多国家和地区为此提高了赴华部分地区的旅游警示等级；②外国主流媒体对中国的负面报道不断，包括空气污染、食品安全、言论压制、西藏新疆地区突发性事件、钓鱼岛及南海争端局势紧张等，在海外造成对中国国家品牌形象的不利影响；③中国旅游消费价格上涨，导致旅游价格竞争力相比周边国家和地区持续下降，近年来，在国内物价飞涨、人民币对外升值的双重压力下，原本旅华物美价廉的优势已逐渐丧失；④由于国内劳动力成本的快速增长，中国台湾、日韩等地的中小规模劳动密集型、出口型企业纷纷将投资转向越南、缅甸、印尼等东南亚新兴经济体，分流了部分原本属于中国的商务旅游客源。可见，中国入境旅游人数持续下降的影响因素是多方面的，既有来自国外的因素，也有源自国内的问题。总体而言，由于受到诸多不利因素的影响，加上外国主流媒体的推波助澜，中国旅游品牌在海外公众心目中形成了较大的负面形象，有的外国民众甚至出现"厌华"情绪。在这种情况下，如何正确引导并改善入境游客对中国旅游品牌形象的认知，是重振中国入境旅游市场的根本策略之一，也是亟待管理部门和专家学者深入研究的重要课题。

表 1-5　中国入境旅游接待人数（2004—2014）

年份	入境旅游人数（万人次）	同比增幅（%）
2004	10 903.8	19.0
2005	12 029.2	10.3
2006	12 494.2	3.9
2007	13 187.3	5.5
2008	13 002.7	-1.4
2009	12 647.6	-2.7
2010	13 376.2	5.8
2011	13 542.4	1.2
2012	13 240.5	-2.2
2013	12 907.8	-2.5
2014	12 849.8	-0.5

资料来源：根据国家旅游局《来华旅游入境人数统计》整理而成。

1.1.6　中国城市面临个性危机

当今，全球化、城市化浪潮席卷世界，许多城市在快速迈进现代化的同时，也摧毁了原有的个性。全球化属于以西方价值观为主导的"话语"领域，在全球化背景下，地方和传统特征的弱化甚至消亡，导致全世界范围内的城市都存在着趋同现象。（徐千里，2004）改革开放三十多年来，"大干快上"式的城镇化运动改变了中国的自然和文化风貌。急功近利的市政形象工程、政绩工程给一个地方的历史文化遗存带来极大的建设性破坏，摩天大楼、世界高塔、市政广场、仿古街区、巨型塑像之类的标志性建筑充斥着各个城市，结果每个城市都变成类似的模样。如今除了北京、上海、杭州、桂林、厦门等极少数城市尚且保留着鲜明个性之外，全国大多数城市都存在"特色危机"。虽然中国疆域辽阔，但各地的城市景观难免给人千篇一律、大同小异之感。不少游客感慨，即使去了地理性差异很大的城市，也感觉不到身处他乡的异域感。特别是 2008 年以来，大面积、大体量、高密度、样式雷同的房地产片区极大地改变了原本的城市风貌，各地"鬼城"频现①便是城市个性破坏的典型案例。

鲜明的个性是一座城市在人们心目中保持持久吸引力和生命力的关键。著名旅游点评网站"TripAdvisor"评选出 2013 年世界最佳旅游城市，依次为巴黎、纽约、伦敦、罗马、巴塞罗那、威尼斯、旧金山、佛罗伦萨、布拉格、悉尼等，无一不是世界上最有个性的城市。提起这些著名的旅游城市时，人们头脑中便会浮现出特定的人格特征，例如，法国巴黎给人的感觉是美丽的、浪漫的、优雅的；美国纽约给人的感觉是现代的、时尚的、奢华的；英国伦敦给人的感觉是传统的、绅士的；意大利罗马给人的感觉是艺术的、庄严的……目前中国越来越多的城市意识到鲜明的个性对于吸引外来游客、推动旅游业发展的巨大作用，纷纷将塑造城市个性作为指导城市旅游发展的关键策略。杭州是国内较早在全市旅游发展规划中提出要"创造城市个性"②的城市。此外，苏州③、珠海④等知名旅游城市亦提出要将城市个性化上升到城市旅游发展的总体战略高度。

1.1.7　广东入境旅游的排头兵地位

广东是中国入境旅游第一大省，入境旅游一直是广东旅游市场的传统优势。改革开放三十多年来，广东入境旅游人数一直稳居全国首位。广东省拥有 52 个允许外国人出入境的一级口岸，数量居全国第一，广东口岸入境旅游人数约占全国比例的八成。换言之，八成访华入境游客选择广东作为中国之旅的目的地之一。2006 年广东口岸入境旅游人数突破 1 亿人次大关，成为全国首个年接待入境游客超亿的省份。2000—2014 年 15 年间，广东入境旅游增幅情况大体与全国水平保持同步，2003 年 SARS 疫情、

---

① 赵蓓蓓. 城镇化不能"目中无人"［N］. 人民日报，2013 - 12 - 03.
② 《杭州市旅游发展总体规划（2004—2025）》。
③ 《中共苏州市委　苏州市人民政府关于实施苏州旅游业全面提升计划的通知》，2009 年。
④ 《珠海市旅游发展总体规划（2013—2030）》。

2008—2009 年全球金融危机影响以及近年来中国入境旅游市场下行的情况，均与全国整体情况非常相似。可见，广东入境旅游市场对于全国而言，具有风向标意义，广东入境游客对中国的感知很大程度上代表了全国入境游客对中国的感知，他们通过在中国"南大门"的旅游体验形成对整个中国的认知。

表 1-6 全国和广东口岸入境旅游人数及增幅（2000—2014）

年份	全国		广东		广东占全国比重（%）
	入境旅游人数（万人次）	同比增幅（%）	入境旅游人数（万人次）	同比增幅（%）	
2000	8 348.09	14.7	6 729.18	13.6	80.6
2001	9 598.36	15.0	7 256.36	7.8	75.6
2002	9 790.83	2.0	8 065.07	11.1	82.4
2003	9 166.21	-6.4	6 991.13	-13.3	76.3
2004	10 903.82	19.0	8 741.00	25.0	80.2
2005	12 029.23	10.3	9 579.12	9.6	79.6
2006	12 494.21	3.9	10 039.55	4.8	80.4
2007	13 187.00	5.5	10 318.86	2.8	78.3
2008	13 002.73	-1.4	10 323.47	0	79.4
2009	12 647.59	-2.7	10 232.09	-0.9	80.9
2010	13 376.22	5.8	10 485.80	2.5	78.4
2011	13 542.30	1.2	11 085.83	5.7	81.9
2012	13 240.53	-2.2	10 794.72	-2.6	81.5
2013	12 907.78	-2.5	10 110.60	-6.3	78.3
2014	12 849.83	-0.4	9 986.28	-1.2	77.7

资料来源：国家旅游局、广东省旅游局，经整理而成。

1.2 研究意义

世界旅游市场竞争日趋激烈、目的地品牌竞争层次不断提高是来自外部的拉力，中国国家品牌和旅游竞争力弱化、中国入境旅游市场低迷、中国城市"千城一面"现象是来自内部的推力。在拉力和推力两方面作用下，本书选取广东入境游客的视角，以品牌形象中的核心要素"品牌个性"为切入点进行研究，旨在构建适用于入境游客评价当代中国旅游城市品牌个性的量表，比较不同区域群体视角、不同城市之间的个性感知差异，演绎中国旅游城市品牌个性构成因子的真实意义和语境，总结入境游客眼中的当代中国城市品牌个性，并将其应用到以广东旅游为例的旅游目的地品牌个性开发战略管理实践中。

1.2.1 实践意义

本书的实践意义在于为城市品牌个性塑造提供有效指导。个性是一座城市可持续发展的生命力，是城市之间竞争的制高点。一座城市区别于其他城市的显著差异化个性对于吸引外来游客、人才、资本至关重要。本书不仅研究了中国热门旅游城市品牌个性的基本感知维度，而且探明了入境游客对中国城市个性感知的具体认知语境，对于有意改善或调整品牌感知个性的城市管理者来说，具有非常重要的参考价值和指导意义，有助于包括旅游、商务、外事、宣传、规划等在内的城市管理部门更好地经营城市。

本书的实践意义在于为中国旅游品牌优化提供参考依据。当前，受到国内外诸多不利因素的影响，中国国家品牌形象在世界版图上呈现一定程度的弱化趋势。旅游业是塑造国家品牌形象最自然、最有效的手段之一，政府部门应将旅游品牌建设上升到国家战略的高度，通过旅游品牌的塑造和推广，提升国家和地区的整体品牌形象。中国旅游城市作为本书的研究对象，是绝大多数入境游客认知中国形象的主要载体。中国旅游城市品牌个性感知的结构框架，代表来华入境游客对当代中国的基本共识。本书的研究成果将对中国旅游品牌优化有一定的参考作用。

本书的实践意义在于为旅游目的地品牌化提供定位指引。定位是目的地营销活动的立足点，只有定位明确，目的地才能有针对性地开展一系列的品牌化活动。将产品、广告、展览、促销等营销手段整合到代表品牌个性的一句宣言或一个图标中，使千变万化的营销工作变得更具实际操作性。本书旨在构建一个中国旅游城市的品牌个性基本框架，为旅游目的地管理部门制定品牌发展战略提供可以比照参考的坐标系，各种类型的旅游目的地可据此查找自身的优势和劣势，寻求差异化的品牌定位。本书结合广东旅游的实际情况，进一步说明旅游目的地如何通过投射个性和感知个性的差异分析来制定品牌化战略，这对于地方旅游管理部门而言，具有一定的参考价值。

本书的实践意义在于为中国旅游品牌形象提供正面引导的依据。当前，西方主流媒体对中国大量的负面报道，在很大程度上扭曲了海外民众对中国形象的认知。西方的中国观的真正意义不是认识或再现中国的现实，而是西方中心主义意识形态虚构的文化他者的幻象，以体现西方民族文明的优越，并巩固其统治地位。本书旨在从游客的非功利性视角研究中国旅游城市形象的真实感知，从中提取真正能代表当代中国形象的正能量，更客观、更准确地反映外国人对中国的感知。

1.2.2　理论意义

本书旨在构建适合来华入境游客评价中国旅游城市个性的量表。虽然品牌个性量表开发的成果很多，不少学者从不同文化背景、不同品牌类别、不同空间层次进行了多方面的探讨，但在这方面目前尚缺乏深入研究，而本书尝试以多元文化为背景、以中国旅游城市为空间层次，构建新的品牌个性量表。如果完全引用外国学者使用过的品牌个性量表，存在两个问题：一是由于研究对象不一样，相同词汇在不同语境下所产生的意义也不一样，容易出现语义误解；二是受测对象不一样，基于特定国家或地区的文化背景所制定的测量量表不一定适用于评价当代中国旅游城市。因此，非常有必要对测量量表进行重新开发。本书通过严格的词汇筛选和大样本量的实证调查，开发中国旅游城市品牌个性测量量表，并检验量表的信度和效度，确保量表数据的稳定性和一致性。本书所开发的中国旅游城市个性量表一方面丰富了品牌个性的理论研究；另一方面，可为今后关于跨文化城市个性感知差异比较、不同空间层次的品牌个性比较等进一步研究提供量表支持。

本书旨在阐明品牌个性感知因子的具体意义和语境。一直以来，关于品牌个性的先行研究通常聚焦于品牌个性如何影响其他因素上，如品牌个性如何影响品牌忠诚度、品牌资产等，进而凸显品牌个性的重要性，而关于品牌个性如何被消费者感知的研究较少。品牌个性是一种心理隐喻，人格特质投射到中国旅游城市所产生的语义变化必须还原相关语境才能真正了解其内涵。本书利用认知语言学中关于认知隐喻和语境的理论，分析影响入境游客对中国旅游城市个性构成维度感知的心理表征，为认知语言学领域提供管理学的实际应用检验。

本书旨在归纳从古至今中国城市个性感知的演变。"外国人如何看中国"在历史学、比较文学、国际关系学领域一直是热门话题，城市个性不是固定不变的，而是随历史时代的变化而变化。本书总结了当代中国旅游城市个性的总体特征，而且试图撇开种族、宗教、政治等意识形态的偏见，通过梳理过去漫长的历史阶段外国人如何看中国城市的历史资料，从普通入境游客感知角度探明关于中国城市的真实形象，归纳总结中国城市个性在不同历史时期的差异与共性，为中国国际形象传播、跨文化形象学等领域提供借鉴。

1.3　研究对象与范围

1.3.1　研究对象

本书以中国热门旅游城市为研究对象。城市是当今大部分人类聚居的地方①，是一个国家的物质文明和精神文明的象征，也是旅游业发展的门户、依托、基地和辐射中心。（马晓龙，2008）中国优秀旅游城市的旅游总收入占全国旅游总收入的比重约为85.7%，其中，国际旅游外汇收入占全国的比重为84.8%。（马晓龙，2010）中国城市建设高度重视旅游功能配套，《中华人民共和国旅游法》明文规定城乡规划要充分考虑相关旅游

---

① 根据联合国《世界城市化展望》（2011）统计，2010年以来，超过50%的世界人口生活在城市，预计到2030年全球城市人口比例将达60%。

项目、设施的空间布局和建设用地要求。旅游城市是根据城市职能分类体系而划分出来的一种城市类型，以旅游作为城市基本对外服务职能之一，以旅游功能为个性、特点和发展方向。（马晓龙，2008）目前中国大陆地区城市数量为 657 个，其中直辖市 4 个、地级市 285 个、县级市 368 个[①]；城镇常住人口为 7.31 亿人，占总人口的 53.7%[②]；截至 2013 年，全国优秀旅游城市共 339 个[③]，约占全国城市总数的 51.6%。广东省内的 21 个地级市均获此称号。本书所指的热门旅游城市，同时考虑知名度和到访率两个方面，指入境游客熟知且热衷前往的中国城市。国内有些优秀旅游城市虽然旅游资源很丰富，但由于交通区位等因素的制约，鲜有入境游客到访。根据《广东入境旅游市场调查研究报告》的结果[④]，来粤入境游客较多前往的中国旅游城市有广州、深圳、东莞、佛山、珠海、中山、上海、香港、北京、厦门、杭州、天津、桂林、西安、澳门、三亚、昆明、成都。本书以这 18 个热门旅游城市为备选对象进行品牌个性测试。

1.3.2　研究范围

本书的研究范围基于广东入境游客的视角。这个视角的独特之处在于以下三方面：

第一，相比全国入境游客的总样本，广东入境游客视角对中国的感知更具风向标意义。广东是世界制造业基地、全国最大入境口岸和华南交通枢纽，每年接待入境游客人数占全国总数的八成，其中，约有 1/3 的来粤入境游客经由广州或深圳等地前往中国其他城市。广东（尤指珠三角城市群）作为很多旅华入境游客到中国的首站，是入境游客感知中国的第一印象区。

第二，相比商人、学者、新闻记者、外交家、政治家等群体的视角，游客视角更能体现目的地的非功用属性。由于旅游是以追求身心愉悦为主要目的而在异地进行的活动，处于休闲度假状态的游客，对目的地的感知较之于商人、学者、新闻记者、外交家、政治家等以功利性目的出行的人更为积极和纯粹。为了保持心情愉悦，游客会自动屏蔽掉一些能引起负面情绪的因素，如政治偏见、宗教救赎、种族歧视、商业利益等。这与塑造

---

① 中国民政部 . 2012 年社会服务发展统计公报 .
② 中国统计局 . 中国国民经济和社会发展统计公报 . 2013 年 .
③ 中国旅游局 . 优秀旅游城市名录 . 2013 年 .
④ 广东省旅游局 . 广东入境旅游市场调查研究报告 . 2013 年 .

中国旅游城市品牌个性的研究目的相一致。

　　第三，广东入境游客视角更具有历史的连续性。广东自古以来一直是中外交往的主要窗口，在南北朝时期就有"西来初地"之称。广州在唐宋时期即已成为世界著名的东方大港，是海上"丝绸之路"的始发港。中国的丝绸、瓷器、茶叶由广州起航，被运往世界各国。清代实行海禁，广州曾是全国唯一一个可与外国人通商的口岸。可以说，中国与西方所发生的关系主要在广东，西方人对广东的了解就是对中国的了解，在他们眼里，广东就是中国。（解本亮，2004）

1.4　研究方法与内容

1.4.1　研究方法

　　本书遵循系统工程学的一般研究范式。这种方法的主要内涵在于，打破了学科之间的分隔，运用自然科学、技术科学和社会科学的有关思想、理论、方法和手段，根据系统论的原理，应用系统工程的方法对旅游系统的构成要素、组织结构、信息交换和反馈控制等问题进行综合分析、设计、实验、实施，以便实现旅游系统的整体效益优化。（刘人怀，1991，2014）根据旅游学科综合集成的研究范式（谢祥项、刘人怀，2012），本书的技术路线按照方法维、逻辑维、时间维展开。从研究方法上看，本书综合运用了多学科的理论基础，定性研究与定量研究相结合、归纳法和演绎法相结合。从研究逻辑上看，具体研究步骤依次为认识问题、知识体系综合运用、研究设计、数据收集、数据分析、实际应用。从研究时间上看，本书用将近三年的连续时间以确保研究结果具有跨时间的稳定性（详见图1-2）。具体而言，本书按照如下思路进行：

　　从世界旅游目的地品牌推广、世界旅游市场竞争态势、中国国家品牌及旅游竞争力、中国入境旅游市场现状、中国城市特色危机等背景出发，确定中国旅游城市品牌个性的研究目的和意义。在明确研究概念和相关理论依据的基础上，本书运用定性与定量相结合的方法，以人格特质词汇为中介，构建中国旅游城市品牌个性的系统结构，还原与描述品牌个性构成因子的入境游客心理认知，总结当代中国热门旅游城市的品牌个性特征，结合广东旅游的实际情况，探讨中国旅游城市品牌个性结构维度的实践应用。

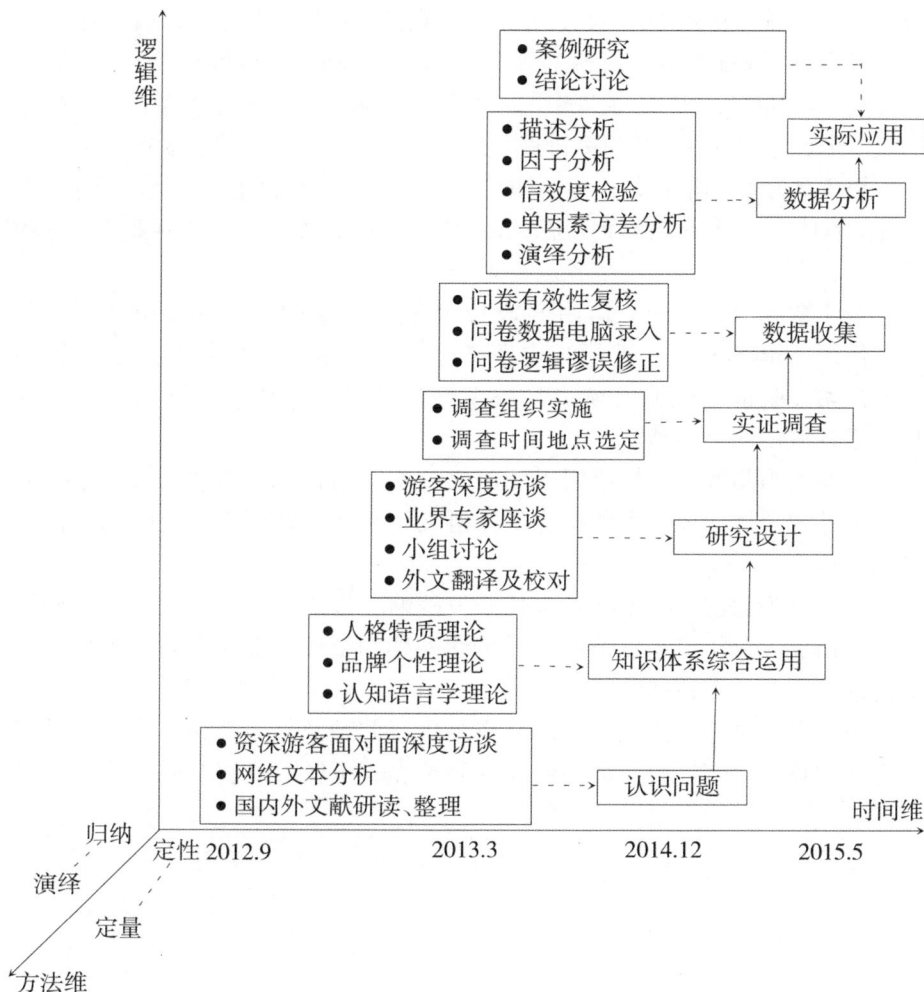

图 1-2 本书的技术路线

1.4.2 研究内容

基于上述研究思路，本书分为 7 章进行阐述，其研究逻辑、章节及相应内容如图 1-3 所示，各章节主要内容如下：

第 1 章为绪论。分析世界旅游目的地品牌推广趋势、国内外入境旅游市场现状、中国城市面临的特色危机问题，以及广东入境旅游市场在全国的地位，确立本书所要解决的问题，介绍研究意义、对象、范围、方法和内容。

第 2 章为文献综述。对相关概念进行辨析，阐明人格特质理论、品牌个性理论、认知隐喻理论，梳理中国入境旅游、旅游目的地品牌个性、域外中国城市个性感知的国内外研究进展并进行评述，确立本书的学术立足点。

第 3 章为实证研究设计。运用词汇学方法对个性词汇进行筛选，说明问卷设计的具体内容及外语翻译情况，介绍整个数据收集的过程和有效样本回收情况。

第 4 章为数据分析。运用 SPSS17.0 进行数据的描述性分析和因子分析，使用 AMOS18 软件进行结构模型分析，对量表的信度与效度进行检验，探索并验证中国旅游城市品牌个性构成维度，比较不同区域群体视角、不同城市的个性感知差异。

第 5 章为品牌个性构成因子的语义分析。通过定性方法，分析中国旅游城市品牌个性构成因子的游客认知语义，演绎特定词汇所反映的具体意义和语境。

第 6 章为旅游目的地品牌个性开发战略：以广东为例。结合广东旅游的实际情况，分析广东旅游的投射个性和感知个性，探讨广东作为旅游目的地的品牌个性塑造战略。

第 7 章为结论和讨论。对研究成果进行归纳总结，探讨本书在旅游管理方面的理论和应用启示，指出本研究的局限性，展望进一步研究的方向。

本书的逻辑	本书的章节	本书的内容
问题与现象	绪论	选题背景、意义、对象、范围、方法和内容
学术切入点	文献综述	人格特质理论、品牌个性理论、认知隐喻理论的国内外研究进展及评述
现象描述与分析	实证研究设计	词汇筛选、问卷设计、问卷翻译、数据收集
	数据分析	分析中国旅游城市品牌个性构成维度及其影响因素
演绎分析	品牌个性构成因子的语义分析	分析中国旅游城市品牌个性构成因子的游客认知语义
案例验证	旅游目的地品牌个性开发战略：以广东为例	探讨广东旅游品牌个性塑造战略
得出结论	结论和讨论	结论、创新、启示、局限、展望

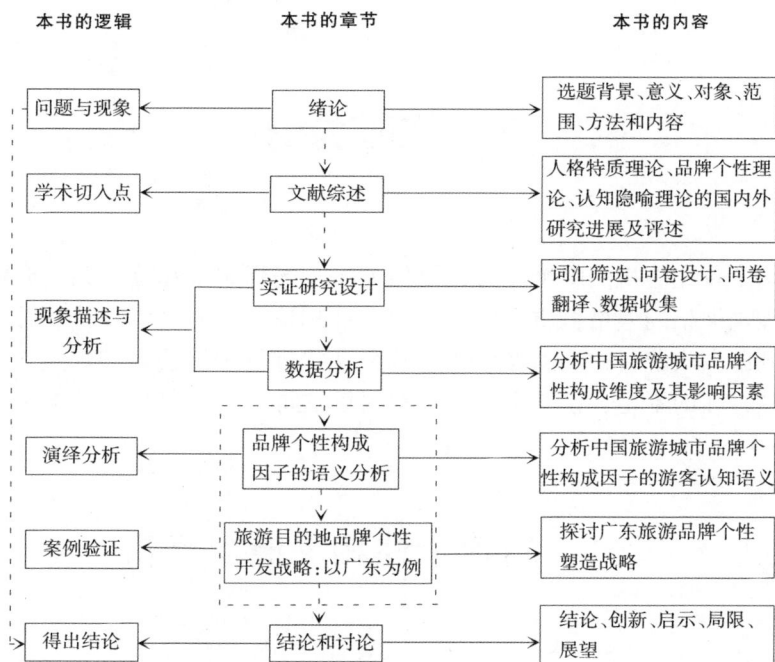

图 1 - 3　本书的研究框架和主要内容

2　文献综述

　　本章首先辨析品牌个性与其他相关概念的界定及相互关系，介绍支撑本书理论框架的人格特质理论、品牌个性理论、认知隐喻理论，并对中国入境旅游和旅游目的地品牌个性的研究现状进行全面梳理和评述，发现现有文献存在的不足，说明本书的学术创新方向。

2.1　品牌个性相关概念辨析

2.1.1　品牌概念演变

　　Brand，中文意思为"品牌"，同属汉字文化圈的日本和韩国直接音译为ブランド、브랜드。"Brand"是一个很古老的英语词汇，至少已使用了1 500多年。关于"brand"的语源有两种说法：第一种是牛津词典对该词语源的解释，认为"brand"是古英语"burn"的同义词，意为"燃烧"；第二种是Stern（2006）和Pereira（2012）对该词语源的解释，认为brand最早出现在5世纪后期，即英国史诗《贝奥武夫》中的传奇英雄故事所发生的年代，最初用作"剑"（sword）的同义词，属于与战争和武器相关的词汇，这个意思至今依然被应用到现代意义的营销隐喻之中，表示营销武器、品牌战争、品牌利器之类的意思。（Pereira，2012）到了15世纪，"brand"的意思逐渐被引申为用高温烧热的铁烙在农场牲畜身上表示所属的印记。① 到了19世纪工业革命时代，大规模机器生产代替了个体手工劳动，产品数量和种类大大增多，厂商为了将自己的商品与其他商品区分开来，在产品包装上印上企业的标志，由此产生了现代意义的品牌概念，即

---

　　①　霍恩比. 牛津高阶英汉双解词典［M］. 6版. 北京：商务印书馆，2004：190.

特定企业生产的一类产品①。当时的品牌概念比较简单，等同于"商标"（trademark），是一种真实存在的实体概念，正如美国市场营销协会 1960 年对品牌的定义：品牌是一种名称、术语、标记、符号或设计，或是它们的组合运用，其目的是借以辨识某个或某群销售者的产品或服务，并使之同竞争对手的产品和服务区分开来。（科特勒，2004）中国大致于 20 世纪 60 年代引进"brand"概念并将其意译为"品牌"。从"品牌"的字面来看，就是"商品的牌子"② 的缩写。两字拆开来看，品，是象形字，形如多人之口，本为"众庶"③ 之意，即众多，由此引申出"种类""等级"的意思；牌，是形声字，"片"表意，"卑"表音，本意为作标记用的薄片。"品"与"牌"两字结合在一起，基本意义就是：一物与他物相区别的标记。

随着越来越多的企业应用品牌战略，品牌概念的内涵和外延不断丰富，品牌从单纯的标识系统逐渐演变为具有灵魂的生命体。由于基于实体功能意义的品牌同质化问题逐渐显现、消费者对产品的非功用属性要求更高，企业开始意识到纯粹依靠提供质量达标的产品或服务难以实现吸引消费者注意力和激发消费者购买欲望的目标。于是在 1958 年，美国作家 Mayer 最早提出了"品牌形象"的概念，即"产品在潜在使用者和消费者头脑中的印象"，标志着品牌的概念从物质实体上升到精神隐喻层面。20 世纪 80 年代，品牌的拟人化特征引起实践界和学术界的广泛关注和深入研究。Sirgy（1982）指出任何品牌或产品都应该具有人格，"品牌个性"的概念应运而生。品牌概念的演变过程详见图 2-1。现在，品牌已成为一个由多种组成要素相互联系、相互作用而构成的有机整体，正如科特勒等（2004）所认为，品牌是一个复杂的标识系统，包括属性（物质性特征）、利益（功能和情感利益）、价值（厂商的价值观）、文化（国家及企业文化）、个性（泛灵化特征）、使用者（消费者特征）6 层意思。品牌大致可分为有形元素、无形元素两部分。有形元素指品牌可视或可触及的部分，包括品牌的名称、符号设计、宣传口号、包装载体、广告代言人等；无形元素包括用户形象、购买及使用情景、个性与价值、历史传统及体验 4 类。（Caylor，2009）随着品牌概念的演变，从品牌中进一步衍生出品牌形象、

① 霍恩比. 牛津高阶英汉双解词典［M］. 6 版. 北京：商务印书馆，2004：190.
② 阮智富，郭忠新. 现代汉语大词典［M］. 上海：上海辞书出版社，2009：1189-1190.
③ 许慎，著，李伯钦，注. 说文解字：文白对照［M］. 北京：九州出版社，2012：211.

品牌个性、品牌元素、品牌联想、品牌价值、品牌资产等细分概念。

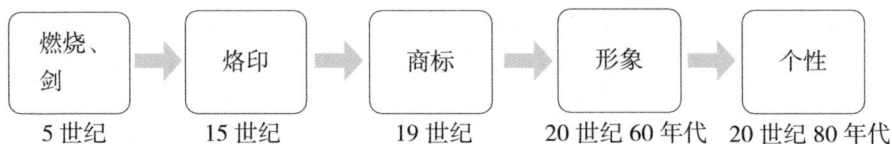

图 2 - 1 品牌概念的演变

综上可见，品牌丛林的竞争加剧，是推动品牌概念不断演变的动力，品牌理论的成长是一个围绕着核心竞争力并且不断呈螺旋式前进的过程。（周应堂等，2007）张锐等（2010）在综合梳理各种品牌概念后，指出人们对品牌内涵的认识经历了一个由品牌物格化、人格化和人物复合化构成的此消彼长的辩证过程，他进一步将"品牌"概念化为"品牌是社会组织或个人对事物设计的人物特征和体验，不仅能满足或创造利益相关者的价值需求，而且能被利益相关者感知和长期认同"。品牌的本质在于与他者相区别，崇尚"适者生存"的市场法则让处于劣势地位的挑战者不断地试图模仿、超越领先者，形成了企业之间"你追我赶"的局面，从而推动市场竞争手段的持续创新，由此品牌概念的内涵和外延也不断地拓展到新的领域。

2.1.2 品牌形象与品牌个性

品牌形象和品牌个性是两个容易混淆的概念，两者是相互关联的概念，有的文献甚至将两者视为一致或可相互替代的。但大部分学者赞同的是"品牌形象维度论"，即品牌形象是一个更具囊括性的概念，而品牌个性则是品牌形象中的一个重要构成维度，而非唯一构成维度。（王保利，2009）品牌形象是消费者对品牌的总体感知，（关辉，2008）是一个多维度的结构。品牌个性是品牌形象体系中的核心层次，品牌相关的内涵和外延都是基于个性层次不断向外衍生而成的。从品牌个性外化至被消费者感知的品牌形象，需要经过一系列品牌化营销活动（见图 2 -2）。

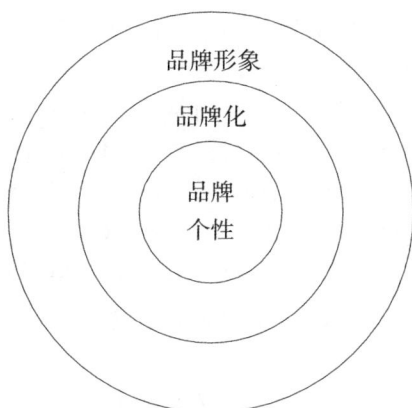

图 2 - 2 品牌形象、品牌化与品牌个性

从产品利益来看，品牌形象可分为功能性（认知）利益、象征性（情感）利益。功能性利益指包括功用的或物理的属性在内的产品功能集合，而象征性利益指功能利益之外的意义，包括非功用的、象征性的品质。从供给和需求角度来看，品牌形象从生产者或营销者的角度可以分为"投射形象"（projected image）和"感知形象"（perceptual image）。（Kolter，1991）投射形象属于内部供给者导向的产品或旅游目的地形象，是品牌管理者计划在市场上树立的形象；感知形象属于外部消费者导向的产品或旅游目的地形象，是消费者感知的实际景象和意境，两者之间通过一系列定位或品牌化活动建立相互关联，这个过程被称为"目的地品牌化"（见图2 - 3）。

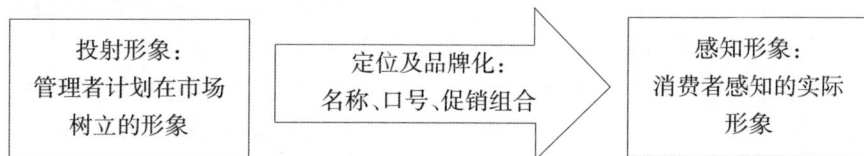

图 2 - 3 目的地品牌化

然而，消费者实际持有的感知形象与管理者希望推出的投射形象之间可能存在差异，（李天元，2012）在旅游目的地形象的塑造上，其成功与否的评价标准在于投射形象和感知形象是否吻合。（李宏，2006）因此，

目的地品牌化管理的关键在于缩小两者之间的差距。投射形象是企业提倡的品牌意义，它是企业想要向其目标客户展示品牌的方式。感知形象是顾客对品牌本体的感知和解释。学术界通常将品牌本体与形象概念化为品牌个性是其中一个重要组成部分的多维结构，（Geuens，2009）例如，Keller（2009）认为品牌形象包括4方面的内容：①使用者特征；②购买或使用情景；③个性和价值；④历史、传统及体验。Aaker & Joachimsthaler（2000）认为品牌本体包括4方面的内容：①作为产品的品牌；②作为组织的品牌；③作为个人的品牌；④作为象征的品牌。

在旅游目的地研究领域，形象与个性亦具有与一般商品品牌理论相似的关系。目的地形象（destination image）指游客对目的地持有的信念、观点、印象的总和。（Crompton，1979）大部分学者将目的地形象分为认知形象、情感形象两个维度进行研究。认知形象是人们关于一个目的地物理属性的信念和认知，情感形象指人们对目的地属性和周边环境的感觉。（Baloglu & McClearly，1999）Hosany 等（2006）通过实证研究发现，消费者对目的地的评价包括认知、情感和个性三个维度，其中，形象中的情感成分与个性因素存在较大的关联。近年来，营销研究越来越多地关注品牌在精神、情感方面的象征意义。从认知的主客体角度，Kim & Lehto（2013）认为旅游目的地品牌个性也可以分为"投射个性"（projected personality）和"感知个性"（perceived personality）。投射个性指通过目的地营销组织的宣传促销活动、旅游相关行业以及关于目的地的多方面媒体报道而形成的印象；感知个性指游客通过间接渠道接收到的信息而产生的，或通过游客在目的地直接体验而形成的印象。此外，Kim & Lehto（2013）还增加"本体个性"（actual personality）的概念，即品牌原本自在的个性，本体个性不随官方宣传或游客感知而改变，由此提出了品牌个性战略模型（见图2-4）。品牌个性战略关键在于缩小投射个性、感知个性和本体个性三者之间的差距。其中，缩小差距一，就要通过内外部渠道向利益相关者传递一致信息；缩小差距二，就要在品牌开拓期提高消费者对品牌的认知度和熟悉度；缩小差距三，就要了解目标市场并与之沟通，由此决定是用新形象替换旧形象，还是在原有形象基础上进一步提升。

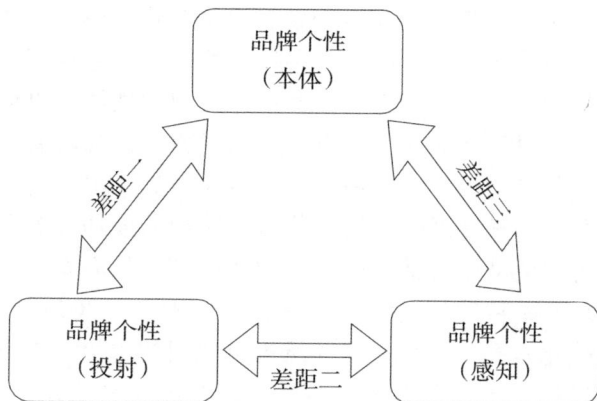

图 2-4　品牌个性开发战略

2.1.3　品牌定位与品牌化

在旅游目的地研究领域，所谓"定位（positioning）"，是指在目标客源市场心目中为一个目的地建立并维持一个独特地位的过程。（Echtner & Ritchie，1993）确定市场定位之前，一般需要经过市场调查、市场细分、目标市场选择等阶段。完整的定位工作包括开发定位战略、物化展示定位战略、向目标市场沟通定位战略、落实定位战略所做承诺、监控定位战略实施有效性五大方面，（曲颖，李天元，2011）这些连续营销实践活动的最终目的在于为一个企业或其产品建立或维持独特的市场地位。

目的地品牌化（branding）是涵盖以下内容的一系列市场营销活动：①支持创造旨在识别并使目的地差异化的名称、符号、标识、文字或图形标志等；②一致地传达对与目的地相关的、难忘的旅游体验的期望；③巩固和强化游客与目的地之间的情感联系；④减少消费者的搜寻成本和感知风险。这些活动共同作用于创造一个能够积极影响消费者目的地选择的目的地形象。（Blain et al.，2005）

曲颖和李天元（2011）通过文献回顾梳理了品牌定位与品牌化之间的异同。两者在概念本质上都是强调对目的地实行差异化、在内涵范畴上都可被理解为整合、囊括一系列连续市场营销活动的综合性战略营销过程。而两者的差别在于，定位的工作重点是开发定位战略，就是说，定位的根本任务是明确在目的地所能提供的各种特质或利益中，管理者应让消费者了解并记住其中哪一种特质或哪些利益；（李天元，2007）品牌化则更关注如何物化展示品牌本体，换言之，品牌化的核心任务在于通过文字、符号、标志等一系列物化手段构建消费者感知品牌的载体，以使消费者能够快速、简易地记住目的地的基本特质。强大品牌往往都具有突出的表现形式，能令人产生积极的视觉和心理效果。由此可见，定位与品牌化两者是互为补充的关系，科学合理的定位为品牌化活动的成功开展奠定了战略基础，而好的品牌化活动则有助于形成目的地识别，从而有助于唤醒消费者心目中对目的地基本特质及市场地位的印象。（高静，2009）

定位与品牌化是基于品牌管理者视角而使用的术语，本书致力研究的品牌个性则更多地属于消费者感知范畴。因为无论是定位，还是品牌化，最终的目标都是指向建立或强化目的地的品牌形象，目的地品牌最终表现为目的地在消费者心目中的形象，消费者心中对目的地的形象感知程度直接决定了定位或品牌化工作的成功与否。研究消费者对品牌个性的认知，就是为了测量目的地品牌在消费者心目中的真实感知，检验目的地定位或品牌化的工作成效，从而发现感知个性与投射个性之间的差距，为下一阶段的品牌战略调整提供参考依据。

2.2　人格特质理论

人格（personality），源自拉丁文，最初指"演员的面具"或"戏剧的角色"。面具或角色与普通人（person）的不同在于，其个性鲜明，甚至有点夸张，而且形象比较固定。由此"personality"一词逐渐被引申为"形成一个人与众不同性格的各种特征或性质的组合"。"格"字指固定的形式，"人格"指人类相对稳定的个性特征。在心理学领域，人格通常被定义为源于个体身上的稳定行为方式和内部过程。（伯格，2010）过去一个世纪以来人格心理学的研究成果大致可分为6个流派：精神分析学派、人格特质学派、生物学派、人本主义流派、行为主义和社会学习流派、认知流派。其中，人格特质学派认为人是处在各种各样人格特征连续体的某个适当位置上的，特质不但使人的行为具有个体差异，而且使人的行为具有跨时间的一致性和跨情境的稳定性。（费斯特，2011）

高尔顿·奥尔波特（Gordon Allport）是人格特质理论的创始人，1921年出版了第一部关于人格特质的著作《人格特质：分类与测量》。他通过查阅英语词典，人工识别出约 18 000 个特质术语，并将它们归纳为 4 类，他认为特质是人格的基本建构单位，人格可分为共同特质和个人特质，个人特质又分为中心特质和次要特质。卡特尔（Raymond B. Cattell）通过考察大量来自不同方面的人格信息，使用因素分析法最终确定了 16 种基本特质，并发展成为一种可以广泛应用的人格测量量表，即 16 项人格因素调查表（16PF）。艾森克（Eysenck）提出人格层次模型，认为人格特质包括 3 个最基本的因素：外向—内向、神经质—稳定性、精神质—冲动性控制。威金斯（Wiggins）提出了测量人格特质的环形模型，该模型认为，个体的人际行为可以在由正交的两个维度——人际控制（dominance）和人际亲和（affiliation）形成的环形结构中进行解释，人际控制维度是从人际控制到人际顺从的行为连续体，人际亲和是从厌恶到喜爱的行为连续体。人际环状模型的提出为人际行为、人际特质、人际问题等人际领域的相关研究提供了一致的结构。其后，许多学者也加入确定和描述人格基本维度的研究工作，虽然在这个问题上从来没有取得过完全的一致，但研究者们在对人格进行因素分析时却发现了一个惊人的相同之处，即以不同群体为研究对象的人格特质研究反复出现五个人格维度的证据，研究者们称之为"大五"，分别是：神经质性（neuroticism）、外向性（extraversion）、开放性（openness）、宜人性（agreeableness）、尽责性（conscientiousness）。神经质性指人们情绪的稳定性，那些多愁善感的人在神经质的测量上会得分较高。外向性指对社会交际的喜好，外向者通常表现为精力充沛、乐观、友好和自信，内向者则在这些方面表现得不明显。开放性指对既有经验所持的开放和探求态度，得分高者不墨守成规，能够独立思考；得分低者比较传统，更喜欢熟悉事物。宜人性与人际交往能力有关，指人的亲和力、友善程度，得分高者乐于助人、可信赖、富有同情心，得分低者多抱有敌意、多疑、冷酷无情。尽责性指人们控制自己的能力，得分高者做事有条有理、有计划，并持之以恒，得分低者马虎大意、见异思迁、不可靠。考斯塔和麦克雷（Costa & McRae, 1992）将"大五"人格特质编制成句子的形式，形成 NEO-PI-R 人格测量量表，至今仍被广泛使用。

中国学者在"大五"模型的基础上探索建构适合中国文化和国情的人格测验工具。张妙清与宋维真等人于 1990 年编制的中国人个性测量表（CPAI），确认了 22 个正常个性量表词汇，可进一步归结为可靠性、人际关系取向、领导性和独立性4个因素。王登峰和崔红（2004）确立了中国人人格结构的"大七"因素模型——中国人人格量表（QZPS），包括外向性、善良、行事风格、才干、情绪性、人际关系和处世态度。燕国材和刘同辉（2005）探讨了中国传统的五因素人格理论，即仁、义、礼、智、信。人格特质的构成维度具有较高的实用价值，被广泛应用于心理健康、工作绩效、组织行为、跨文化比较等领域。例如，甘怡群等（2002）用CPAI测量中国国有企业中高层管理者，并与他们的绩效进行相关分析；黄攸立等（2007）研究了内外控型人格特质、个人属性、组织承诺与雇员离职意图的关系；丁道群等（2005）研究了人格特质、网络社会支持与网络人际信任的关系；黄敏儿等（2010）研究了服务行业从业者的人格特质（QZPS）和情绪劳动策略对心理健康的作用机制。

2.3 品牌个性理论

拟人化是人类天生的本性和潜意识中的思维倾向，（崔昌原，2010）"近取诸身、远取诸物"是人类最原始、最典型的思维特征，即把人作为衡量周围事物的标准，（束定芳，1998）通过把其他事物与自身进行比较，从而达到认知事物的目的。Fouriner（1998）认为，一个品牌必须具备情感和思想的特征，才能成为与消费者具有合法关系的伙伴。这样的思维方式对于消费者和拟人化品牌之间的关系产生了重要影响。所谓"拟人化"（anthropomorphism），是指对非人类的对象赋予人类的气质或特征，或把抽象特征以人性化的形态进行表达，（Soanes & Stevenson，2005）这些人类特征主要包括人口统计特征（如性别、年龄、社会阶层、种族）、生活形态（如活动、兴趣和意见）、人格特质（如外向、内向）等。Guthrie（1997）认为，拟人化产生的原因主要有三个：①使非人类物体看起来更亲近；②使用品牌更安心；③减少模糊情况下的不确定性。由此可见，拟人化思维是使品牌具有人格特质的前提，品牌个性就是消费者通过拟人化而对品牌产生的形象。（Sirgy，1982；Fournier，1998）

"品牌个性"一词最早由广告商和营销从业者创造，（Azoulay & Kapferer，2003）学术界使用该词的现象最早出现在1958年美国人马蒂诺（Martineau）的论文"零售店的个性"里，当时的品牌个性指"使零售商店变得独特的非物质维度"。到了20世纪80年代后期，随着产品模仿之风盛行，市场上出现了大量功能类似的产品，光靠质量来区分不同牌子的产品越来越困难，厂商开始为自己的产品寻求不易被模仿或超越的个性卖点。产品的功能属性很容易被模仿，只有产品品牌与消费者在情感层面上的共鸣才是真正独一无二的，这也是培育顾客忠诚度的关键因素。产品竞争的初级阶段是功能属性上的竞争，当功能属性已无法体现差异化的时候，情感因素便起着决定性作用。

关于品牌个性的定义，较多学者引用了 Aaker（1997）的版本，即"一组与品牌相关的人类特征"。此外，不同学者对品牌个性的概念有不同的表述。Keller（2008）认为品牌个性是将品牌与人类特质联系在一起的组合，相比产品属性所提供的实用性功能，品牌个性起到象征性与自我表达的功能。Upushaw（1999）认为品牌个性是每个品牌向外展示的品质或魅力，它能与消费者或潜在消费者进行情感方面的交流，是品牌与现实和潜在的消费者相联系的纽带。曹高举（2005）认为品牌个性以品牌定位为基础，是对品牌定位的战略延伸，品牌个性往往用人性化特征来表达，它是品牌形象的核心和最活跃的部分。张俊妮等（2005）、李永强等（2008）认为品牌个性主要指品牌的象征性特质，如品牌象征时尚还是传统，代表高社会地位还是低社会地位等，在消费者与品牌的互动过程中，消费者会与品牌建立起一定的情感关系，消费者也会将品牌视为带有某些人格特征的"朋友"。关辉（2008）认为品牌个性就是品牌的情感感知，它可以唤起人们对品牌的情感和感觉。赵卫宏（2009）认为品牌个性是品牌形象的灵魂，具有象征的和自我表现的功能，能够反映由品牌唤起的消费者情绪或情感。综上可见，品牌个性是品牌形象的一个核心组成维度，品牌个性与情感感知更密切相关，属于品牌形象中更内在的、更精神层面的内容。

Aaker（1997）关于品牌个性维度的论文是品牌个性理论和方法研究的基石。1997年，珍妮弗·艾克（Jennifer Aaker）发表题为"品牌个性维度"（Dimensions of Brand Personality）的论文，首次将人格特质理论应用到品牌研究领域，她以37个美国知名品牌为研究对象，以42个品牌个性词汇为量表，通过缜密的统计分析，创立一个系统的品牌个性大五模型（BPFFM），在学术界产生巨大反响，根据 Google Scholar 的统计，该文至今被引用频数已超过3 700个。在该模型中，品牌个性包括真诚（sinceri-ty）、刺激（excitement）、胜任（competence）、优雅（sophistication）和粗犷（ruggedness）5 个维度。真诚因子的典型代表是霍尔马克贺卡（hall-mark cards），包括务实、诚实、健全、欢乐等特征；刺激因子的典型代表是 MTV 频道，包括大胆、精力充沛、富有想象力、时尚等特征；胜任因子的典型代表是华尔街日报，包括可靠、智慧、成功等特征；优雅因子的典型代表是 GUESS 牛仔裤，包括上流阶层、魅力等特征；粗犷因子的典型代表是耐克网球鞋，包括户外、耐用等特征。Aaker（1997）的品牌个性与"大五"人格特质中的三个相关，sincerity 与 agreeableness 同样具有待人热情的意思，excitement 和 extraversion 都有善于交际、精力充沛、活跃之意，competence 和 conscientiousness 均可表示责任感、可靠、安全的意味。另外两个维度与"大五"人格不同，说明品牌个性维度以不同作用机制或不同原因影响消费者偏好。

许多学者基于不同文化背景对品牌个性量表进行了跨文化比较。Aaker 等（2001）研究证实了品牌个性存在跨文化异同，美国品牌个性的独特维度是"粗犷"，日本是"平和"（peacefulness），西班牙则是"热情"（passion）。Sung & Tinkham（2005）在东方文化背景下，证实了相比美国消费者，韩国人在感知品牌时更关注儒家主义和儒家资本主义价值观，出现了两个独特的品牌个性因子：被动喜爱（passive likeableness）和支配地位（ascendancy）。前者包括有趣、小城镇、热情、随和、圆滑、亲情、多情等特征，后者包括严格、智慧、深沉、大气、大胆等特征。Bosnjak 等（2007）以德国为背景，发现 4 个新的品牌个性维度：认真、情感、肤浅和动力。Rojas-Méndez 等（2013）研究了中国人眼中的美国品牌个性，结果指出，中国人感知的美国品牌个性是一个多维度结构，包括友好（micableness）、资源丰富（resourcefulness）、自我中心（self-centeredness）。黄胜兵和卢泰宏（2003）对品牌个性感知进行了中国本土化研究，由 66 个品牌个性词汇得出 5 个品牌个性维度，并将其分别命名为具有中国传统文化特色的"仁、智、勇、乐、雅"。其中，"仁""智""雅"分别对应西方品牌个性的真诚（sincerity）、胜任（competence）、优雅（sophistication），说明这三者具有较强的跨文化一致性，属于中西方品牌个性之中的共性。"仁"是中国品牌个性中最具有文化特色的一个维度。何佳讯和丛俊滋（2008）基于中国文化背景，以低涉入消费品中的糖果为研究对象，发现了仁和、时新、智慧、诚信、高雅 5 个品牌个性因子，其中，"仁和"和"时新"是揭示中外品牌形象差异的核心特质。

不少学者研究了品牌个性与管理学、语言学等相关概念之间关系，并进一步揭示了品牌个性在营销管理应用上的启示。Milas & Mlačić（2007）从自然语言中提炼出品牌个性与人类个性维度的联系，并从文献回顾、词汇方法、数据聚合方法等方面进行讨论。Branaghan & Hildebrand（2011）以汽车和软饮料品牌为研究对象，证实了品牌个性和自我一致对品牌偏好具有预测力。Klink & Athaide（2012）从语音象征学理论出发，调查品牌名称如何创造品牌个性，研究指出，使用后元音的品牌名称能更好地创造粗犷个性，而使用前元音的品牌名称能更好地创造优雅和真诚个性。Kim，Han & Park（2001）以手机产品为例，调查了品牌个性在品牌资产管理上的效果，研究表明，品牌个性的吸引力、独特性以及自我表现价值之间具有积极的关系，这些关系在消费者对品牌识别的认同上具有显著效果。Wentzel（2009）探讨了消费者在与品牌员工接触后如何形成自己对品牌个性的形象和品牌态度，结果表明，员工行为对消费者的影响取决于员工是如何被分类的，当员工首先被认为是品牌劳动力的模范，他的行为在广义上对品牌的影响更强烈；然而，当员工被判断为一个相对独特的个人，他的行为则不会被最大限度地转移到品牌上。Valette-Florence 等（2011）探讨品牌个性和促销活动对品牌资产形成的相对影响，研究发现，品牌个性对总体品牌价值产生积极的影响，而促销强度却有负面影响。张俊妮等（2005）以手机品牌为例，验证了品牌个性与消费者个性之间存在一定程度的相关关系，证实了"品牌个性可以由其典型消费者的个性投射而来"的主流观点。关辉等（2008）以李宁牌运动鞋为品牌刺激物，建立了品牌形象与感知质量、顾客满意和品牌忠诚的影响机制模型，分析结果表明，品牌表现、品牌个性和公司形象对品牌感知质量有直接影响。陈卓浩和鲁直（2008）探讨了品牌个性延伸到与原来的产品品类完全不相关的领域时，品牌个性感知匹配度对消费者品牌延伸评价的影响，并提出了感知匹配度的三维度建构（品类特征匹配、利益目标匹配、品牌个性形象匹配）及其概念内涵。金立印（2006）以海尔、联想、旺旺等中国本土品牌为测试对象，研究了品牌个性、品牌认同感、品牌资产之间的关系，结果表明，品牌个性五个维度中的"仁、智、勇"对消费者的品牌认同感有积极影响，"仁、智、勇"等个性特征较强的品牌既能起到展示消费者自我个性、价值观和生活方式的作用，又能满足消费者追求社会尊重和认同的欲望。陈振东（2009）研究了品牌个性与品牌延伸在品牌年轻化过程中的作用，结论表明，鲜明的品牌个性和向年轻人市场延伸的举措，能够起到提升品牌形象和知名度的作用。吴水龙等（2014）以中档轿车品牌为例，研究证实了功能属性、品牌个性和品牌资产对消费者汽车购买决策的影响。

李永强等（2008）研究了品牌个性与消费者自我概念之间的关系，研究发现，具有外显性特征的商品，其品牌个性与消费者的理想自我具有一定的关联，而具有内隐消费特征的商品，其品牌个性与消费者的现实自我具有一定的关联。赵卫宏（2009）证实了消费者自我概念对品牌个性及品牌选购决策的相对影响力，其中自我概念包括实际自我、理想自我、社会自我三个方面，结果表明，消费者的实际自我概念、社会自我概念对品牌个性具有显著的影响力，此外，品牌个性对品牌购买意图具有强烈的影响作用，对品牌口传意图也具有显著的影响作用，这说明品牌个性在消费者品牌选购决策中扮演着非常重要的角色。

研究品牌个性的方法目前主要有两种：因子分析模型（factor analytical model）、环形模型（circumplex model）。因子分析模型主要参照"大五"人格特质模型，指根据消费者对品牌个性特征词汇的感知强度，通过因子分析等统计技术，将品牌个性的相关描述词汇缩减到若干个主干维度的过程。环形模型主要从社会个性心理学和人际精神病学领域中的人际环状模型引进而来，是根据变量之间的相关关系，在二维空间中将变量进行概念化、数量化、环形化分布的模型。（崔昌原，2010）两种研究方法的侧重点不一样，因子分析模型主要关注每个特质及其构成因素，是更纯粹意义上的定量研究，而环形模型则聚焦于特质之间的相关关系，有助于进一步提供关于消费者输出的诊断性预测。（Bao & Sweeney，2009）环形结构的法则是，越相似的特征，靠得越近，相隔180度的特征是相反的，相隔90度的特征是独立的，中央区域表示中立。（Sweeney & Brandon，2006）本书是探索中国旅游城市品牌个性基本构成的初始性定量研究，更适合采用因子分析模型。

2.4 认知隐喻理论

1980年，美国学者George Lakoff和Mark Johnson在《我们赖以生存的隐喻》一书中首次提出了认知语言学的隐喻理论。所谓隐喻（metaphor），指概念系统中跨领域的投射，是用一种非常不同领域的经验理解某一领域的经验。（任绍曾，2006）例如，"人生是旅行"这个语句，就是用旅行来理解人生，将有关"旅行"的知识投射到"人生"的知识上，从而产生了一套表明认知对应的本体概念。隐喻在日常生活中无处不在，据统计，普通语言中大约70%的表达源于隐喻概念，（陈建生等，2011）人们的口头交际平均每三句话中就会出现一个隐喻，（束定芳，1998；Richards，1936）隐喻不仅是一种语言现象，更是一种人类认知世界和形成概念的工具。（束定芳，1998）隐喻的产生是出于人类思维无限与词汇数量有限的矛盾，因为任何一种语言的词汇相对纷繁复杂的客观世界和人们丰富的内心世界而言都是极其贫乏的。（李悦，2005）随着人类社会的不断发展，新事物、新情景、新概念的快速增多给语言表达带来了巨大挑战。为了有效地交流，人们借用其他方面的词汇表达相同或者类似的意思，赋予一些词隐喻意义。这种认知方式符合"经济原则"，即用最少的语符表达最多的意义。人的记忆信息可以分离成不同部件储存于大脑，当需要输出的时候可以重新组织生成相关概念和影像，避免相同内容的重复储存。隐喻的认知过程可由图2-5示意，被说明的领域是目标域（target domain），用于对照说明的领域是源域（source domain），目标域与源域之间的互动被称为映射（mapping），映射一般从源域向目标域进行，一般依赖隐喻和类比理论建立跨空间映射。结构的映射和隐喻的投射在推理和意义的构建过程中发挥着核心作用，这是认识科学中确定的、根本的发现。（Fauconnier & Turner，1998）源域映射在目标域上，从而目标域得到新的理解。从源域到目标域的过程涉及语义转移，这一转换带有方向性，一般来说，遵循由人及物、从自身到身外、从熟悉到陌生、从有形到无形、从具体到抽象、从简单到复杂的规律，即人→物→事→空间→时间→性质的顺序。（陈建生等，2011）隐喻的语义主要具有矛盾性、临时性、模糊性、程度性、系统性、选择性、方向性、不可穷尽性、多样性、回复性等特征。（束定芳，1998）

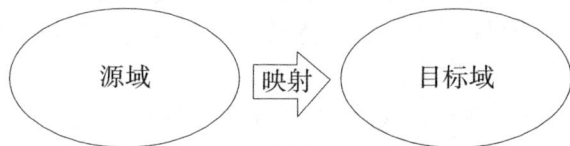

图 2-5　隐喻的认知过程

　　本书利用人格特征词汇描述城市，其实是运用隐喻的思维方法。这种认知隐喻的表达方式有利于被调查者快速、直观、全面地评价城市个性。

"中国旅游城市"是一个复杂的开放系统，难以用语句详细描述其与众不同的各个方面，即使可以，数量也将非常庞大。使用人格特质隐喻最大的优点有两方面：一是使抽象的事物和现象更具体化，通过城市和人的相似性，生动地刻画城市与众不同的特征；二是内容精练，用短短的一个词或词组就能表达一系列丰富的含义，引起听者或读者对这个词语的相关事件和语境的联想。（李悦，2005）隐喻有助于人们利用已知的事物来理解未知的事物，或者可以帮助人们重新理解已知的事物。（束定芳，1998）

然而，当人格特征作为源域映射到"中国旅游城市"这个目标域时，词汇产生了语义转换，不能单从字面意思来理解，而必须根据语境重新解释。因此，关于描述城市个性词汇的认知，重点在于源域映射到目标域上的语境。"语境"是"语言环境"的简称。语言并非存在于完全的真空中，语言无法脱离社会而具有完全的抽象性，语言在某种程度上是人们所处环境的延展。中国古人很早就注意到上下文（语境）对话语意义的表达和理解的重要作用。（张志毅，2001；曾文雄，2009）晋代杜预校注《春秋》时指出，经一字未能褒贬，需数句以成言。南北朝刘勰在《文心雕龙》中论述了字、句、篇章的关系。唐代贾公彦在《周礼·秋官·小行人》义疏中已出现"据上下文"的说法。1923年，英国人类学家马林诺夫斯基在其著作《原始语言中的意义问题》中正式提出"语境"的概念，认为语言的环境对于理解语言来说是必不可少的。（童珊，2009）语言的语境分析必须突破语言上下文的局限，扩展到语言使用的具体情景、文化和社会心理。（彭利元，2008）关于语境分类的说法主要有三种：①情景语境和文化语境，最早由马林诺夫斯基提出，其后很多国内外学者沿用，但两者之间的概念划分一直模糊不清，彭利元（2008）通过辨析两者异同，重新将两者概念化为：情景语境指交际中人与人的一般关系和一般心理情感，发生的事件、交际的方式和渠道的一般状态等；文化语境指语言运用的特殊主客观语境，包括特殊的社会文化背景、历史传统、思维和行为方式、价值观念、社会心理、个体心理等；两者差异的核心在于一般与特殊。②物理语境和心理语境，物理语境包括话语发生的实际场合，包括时间、地点、说话者和听话者的身份、上下文等；心理语境包括两方面，一是对物理语境的感知，二是内化在大脑中的知识体系，主要指文化背景和相关知识。（束定芳，2008）③高语境和低语境，最早由爱德华·霍尔（Edward Hall）1976年在《超越文化》一书中提出，语境高低指人们在交际中对语境的依赖程度，在高语境文化中，大部分信息通过社会文化环境和物质情景来传递，在低语境文化中，人们更多地借助语言本身的力量来达到交际目的，亚洲地区属于高语境文化，欧美地区属于低语境文化。（赵胤伶，2009）系统功能语言学家 Halliday & Martin（1993）提出了系统功能语言学对语境的整体分类，即包括语言、语域、语体、意识形态 4 个层次（详见图 2 - 6）。语域指与语场、语式和语旨的特定值相联系的语言特征，语体是特定文化所允许的语场、语式和语旨的组合以及这种组合在阶段和有目的的社会过程中的体现，意识形态指根据社会主体的阶级、性别、种族和年龄对意义作出的选择。（田海龙，2009）可见，语境具有由内向外的层次性，越向外表示越宏观的环境影响因素。在认知语言学领域，"语境"是一种心理现象，（温格瑞尔，2009）因为人们的所见并非即所得，看到的东西完全由观察者自己的主观意识决定。心理语言学家普遍认为，单词和句子是现实世界在人头脑中的表征，要理解语言的意义，必须了解语言的心理表征，以及语言如何与这些心理表征发生关联。（考勒斯，2012）人们在实际旅行体验的过程中，每时每刻都在接受各种各样的刺激，刺激形成经验，经验经过抽象，形成数量庞大的概念系统，并在头脑中无意识地储存起来。当看到相关的人格特征词汇时，人们会从记忆中唤起与之有关联的情境，这种情境进一步抽象为一系列范畴及其相互作用的关系，就形成了语境。例如，看到语句"在沙滩上"，有人会联想起"日光浴"的情境，进一步抽象为人、太阳、沙等范畴，以及三者之间的关系，即躺下、晒，因此，"在沙滩上"的真正意义是"人躺在沙上晒太阳"。可见，所谓情境是真实世界中物体的互动，语境是概念间互动的认知表征。（温格瑞尔，2009）了解认知语境，是掌握词语意义的关键。

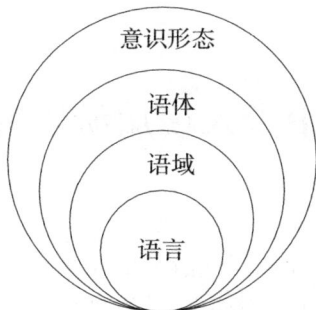

图 2 - 6　系统功能语言学中语境的种类

（引自：Halliday & Martin，1993；田海龙，2009）

近年来，隐喻理论引起学界广泛的关注，涌现出大量的相关研究成果。束定芳（1998）阐述了隐喻是认知现象的本质，包括矛盾性、模糊性、不可穷尽性、系统性和方向性等语义特征。束定芳（2000）论述了隐喻理解的两个步骤：第一步是隐喻的辨认，即听话者根据明确的隐喻信号或语义与语境的冲突及其特征作出隐喻性理解的判断；第二步是隐喻意义的推断，即听话者根据隐喻中本体和喻体的特征，对隐喻的意义进行推断。同时，她还指出语境信息（有关文体和风格等方面的信息）、听话者的知识结构（数量和质量）都对隐喻的理解过程具有重要影响。束定芳（2001）论述了隐喻具有四个方面的认知功能，分别为：隐喻是人类组织概念系统的基础、隐喻是人类组织经验的工具、隐喻是认识事物的新视角、隐喻是类推说理的手段，从而进一步说明了隐喻不是可有可无的修辞手法，而是人类认知世界过程中的一种重要方式。李悦（2005）研究了英语语言环境下隐喻性词语的功能、结构及理解问题。刘云红（2005）介绍了隐喻理论在诗歌、政治、哲学和数学领域中的应用。刘世理（2006）研究了隐喻现象中的指称、意义和语境三者之间的语用关系。任绍曾（2006）探讨了隐喻在语篇中的体现。王文斌（2007）提出了多义词词义演变的仙人掌发展模型，即词义的演变过程不是朝单一方向或以单一方式推进的，而是在辐射型的变化中呈交织连锁型变化。吴本虎（2007）对新闻报道的语料分析，构建了隐喻认知中所采用的联想方式的分类体系，包括接近联想、类似联想、对比联想、因果联想、关系联想、功能联想、范围联想、动态联想8类。束定芳（2009）在总结中国认知语言学20年来发展历程的基础上，指出未来认知语言学研究应朝着具体语言现象、方法多元化、实践应用推广等方向发展。

2.5　中国入境旅游研究回顾

入境旅游是一个国家或地区旅游业的重要组成部分，是一个国家或地区赚取外汇和解决就业的重要渠道，其发展状况是衡量一个国家或地区旅游综合实力和旅游产业国际化水平的重要标志。（马秋芳，2006；王纯阳，2009）大力发展入境旅游是中国旅游的基本国策。当代中国的入境旅游大致分为两个阶段：第一阶段为 1949—1977 年，第二阶段为 1978 年改革开放至今。（谢贵安，2012）第一阶段时，由于意识形态的影响，旅游被视为政治任务和外交义务，入境旅游除了接待少量华侨和港澳同胞回国观光探亲外，主要接待当时苏联及东欧社会主义国家的游客，入境游客接待量非常少。在第二阶段，入境旅游由政治外交的接待事业向国民经济的战略性支柱产业转变，来华游客持续快速增长，2010 年，中国接待入境游客人数达到 5 570 万人次，成为世界第三大入境旅游接待国[①]。2014 年国务院《关于促进旅游业改革发展的若干意见》（国发〔2014〕31 号）对入境旅游的指导战略为"大力拓展入境旅游市场"，更加明确了入境旅游业在中国旅游中的核心地位。

随着中国入境旅游市场的持续快速发展，关于中国入境旅游的研究成果大量涌现，学者们从不同理论视角着手研究入境旅游的现象和问题。通过梳理现有文献，中国入境旅游研究大致可分为两大类：①基于面板数据对入境旅游流的流动规律和模式的研究；②基于截面数据对入境游客的消费行为和心理感知的研究。

基于面板数据的入境旅游流研究，旨在对游客流动规律和模式进行分析、总结和预测。所谓"流"，从系统论的角度解释，指系统的组成部分之间的关联，以及系统和环境之间的关联，通过信息流、物流、能量流、资金流、人力资源流等具体形式进行相互作用。（林福永，2007）而在旅游研究领域，旅游流主要指客源地与目的地之间或不同目的地之间的具有一定方向和一定数量的移动人群，旅游流的结构、流向和流量特征是研究者们关注的重点。[②] 马耀峰等（2000）利用地理空间分析方法，研究了来华入境旅游流、入境后旅游流的空间动态规律。吴江华等（2002）运用人工神经网络，以赴中国香港旅游的日本游客为例，建立了旅游需求预测模型。刘春济和高静（2007）基于历年统计数据，利用亲景度、竞争态等市场指标，分析了上海入境旅游市场。孙根年等（2008）运用重力模型，计算出各年份入境旅游客流、旅游外汇收入的全国和各大区重心位置，分析了中国入境旅游地域结构的演变。刘宏盈等（2008）基于旅游流转移视角，通过分析从长三角、京津冀、珠三角三大入境旅游发达区转移而来的

① 联合国旅游组织. 旅游年度报告 2011 年.
② 国家旅游局旅游促进与国际合作司，中国旅游研究院. 中国入境旅游发展年度报告2012 [R]. 北京：旅游教育出版社，2012：38.

入境客源，研究了云南入境旅游发展历程。赵东喜（2008）基于历年我国31个省、市、自治区的面板数据，用固定效应变截距模型，实证研究了旅游资源、区域经济、对外开放、旅游服务设施、交通基础设施、突发事件等因素对省际入境旅游发展状况的影响。王纯阳和黄福才（2009）基于11个来华主要客源国的历年数据，通过双对数线性函数形式的旅游需求模型，从游客忠诚、价格、收入、特殊事件等方面系统研究中国入境旅游需求的决定性因素，并分析各国的总体旅游需求弹性，预测中国未来数年的入境旅游人数。马丽君等（2011）通过分析2005—2007年18个中国东部沿海旅游城市的月入境客流量、气候舒适度指数及两者之间的关系，表明年内客流量重心变化与气候舒适度重心变化具有很强的时间同步性，证明了气候舒适度是影响客流量空间分布的重要因素。李创新等（2011）基于历年入境旅游统计数据和入境游客抽样调查数据，定量测评了陕西、四川、云南三省入境旅游流集聚指数与扩散指数、入境旅游流集聚态指数与扩散态指数，分析了西部三省入境旅游流的空间集散特征与动态变化过程，以及其入境旅游流空间集散的地域差异性。姜海宁等（2009）运用标准差、变异系数及泰尔指数等指标，定量评价了江苏省入境旅游时间尺度上的地带间、地带内和市际差异变化状况。庞世明等（2013）借鉴国际货物贸易与入境旅游的相关关系理论，构建了北京入境旅游景气指数。

随着游客导向替代资源导向的旅游目的地管理理念的转变，基于游客感知的入境旅游研究日益受到学界青睐，近年来，越来越多的学者基于截面数据对入境游客的消费行为和心理感知进行研究。在消费行为方面，白凯（2007）以西安为调查地点，采用亲景度的测量方法，实证分析了欧美入境游客的购物偏好行为；马耀峰等（2008）通过以入境游客为对象的市场调查，分析了入境游客的空间行为、旅游决策行为、旅游文化交互行为，构建了入境游客群体的旅游行为模式，发现了入境外国游客旅游选择偏好、时空动态规律；张宏梅等（2010）以桂林和阳朔的入境游客为研究对象，实证测量了入境游客的旅游动机构成，并基于旅游动机将入境游客细分为三类：放松型、需求多样型和文化型。在心理感知方面，白凯（2005）通过问卷抽样调查，分析了北京入境游客对中国旅游整体形象的宏观感知和各旅游要素的微观感知，并提出了北京入境游客市场的开发建议；马秋芳等（2006）通过期望差异模型、花费—收获模型、服务绩效模型和标准模型4种方法的测定和比较，考察了欧美游客对西安旅游的满意度感知，并分析了满意度感知对总体满意度、重游意向的影响；张佑印等

（2007）在 6 个旅游热点城市针对日本游客进行了问卷调查，对比了日本游客出游前后对中国旅游形象的感知差异，发现日本游客对中国旅游形象感知出现了正面非一致性修正过程；陈楠（2009）将旅游形象分为感知形象和认知形象，实证研究了入境游客对北京旅游的感知形象和认知形象，并比较了奥运会举办前后北京旅游形象的变化；高军等（2010a）选取了 11 个外国游客来华热点城市（大连、北京、上海、杭州、南京、西安、成都、桂林、昆明、广州、深圳），从旅游吸引力因素、知名度、游前感知、实地旅游感知、实地与游前感知差异、旅游感知态 6 个方面，实证分析了外国游客对中国旅游城市的感知及其差异。高军等（2010b）采用扎根理论研究范式，对外国游客对中国旅游的负面评价进行分析，并总结了中国入境旅游不足之处的 7 个大范畴和 22 个小范畴。何琼峰和李仲广（2014）综合分析了面板数据和截面数据，研究了入境游客感知的中国旅游服务质量，揭示了基于入境游客感知的中国旅游服务质量演进特征和影响机制。

综上可见，目前关于中国入境旅游的研究体现了地理学、经济学、管理学等多学科交叉的特点，随着研究的不断深入，关于影响入境游客更深层次认知和决策的心理感知因素越来越受到学界的关注。但是，在针对入境旅游市场的目的地品牌管理方面，学术理论研究明显滞后于实践应用需求，无论是对国内实践经验的规律总结，还是对外国先进理论的中国本土化应用，均存在研究空白。白凯（2011）在入境游客对中国旅游品牌形象感知的研究领域做了开创性的工作，他从入境游客角度对西安的旅游品牌个性特征进行了实证分析，但相对于数量众多的中国旅游城市和结构复杂的入境旅游市场，这方面的研究仍有待进一步加强和丰富。此外，现有的入境旅游研究主要集中在北京、西安、桂林等传统旅游城市，而对于其他新兴的现代化城市研究较少。传统旅游城市以保留了众多中华历史文化遗存或拥有垄断性自然人文资源为特点，主要吸引观光型国际客源市场。新兴现代化城市是改革开放以来出现的新都市，是中国现代化建设成果的集中体现，因城市综合配套设施完善而吸引入境游客前来休闲度假、商务旅游，包含了许多旅游业发展的新业态，值得引起学界的更多关注。

2.6 旅游目的地品牌个性研究回顾

旅游目的地是吸引游客的特定地理区域。(Pearce，1992) 在这个区域，游客通过使用各种服务、获得物品和体验吸引物来消费旅游产品。因此，旅游产品可视为一个由吸引物、支持服务和物品等组成的集合。旅游产品由广大私人和公共的企业与组织所提供的资源组成，例如酒店、博物馆、餐厅、汽车旅馆、商店、主题公园和会议场所。目的地本身可视为一个品牌，由游客获得的体验、服务和商品等组合形象所构成。(Buhalis，2000)

旅游目的地品牌个性的研究主要从不同地域层面、不同文化背景角度着手 (见表2－1)。现有研究表明，品牌个性理论对于旅游目的地同样适用，并且有助于旅游目的地管理部门进行品牌定位调整、营销活动开展。

Ekinci & Hosany (2006) 最早将品牌个性理论应用于旅游目的地，他们采用 Aaker (1997) 的个性量表对世界热门旅游目的地 (西班牙、法国、美国等) 的游客感知个性进行测量，得出两个重要成果：一是证明了旅游目的地确实被游客赋予人格特征，并发现旅游目的地个性由真诚 (sincerity)、兴奋 (excitement)、友好 (conviviality) 3 个因子构成；二是发现了目的地个性、形象与推荐意愿之间的相关关系，即"友好"个性、情感形象与推荐意愿之间存在正向相关关系。其中，真诚、友好因子相当于从 Aaker (1997) 的真诚因子中细分出来的两个因子。旅游目的地个性的因子构成与一般意义上的品牌个性不同，适用于目的地，并且与目的地相关的个性特征可能比一般意义的品牌个性要少，而且有可能会出现新的构成因子。

Usakli & Baloglu (2011) 调查了游客感知的拉斯维加斯品牌个性，检验了目的地个性、自我一致与游客行为意向之间的关系，结果显示，游客认为目的地具有人性特征，拉斯维加斯的目的地品牌个性分为 5 个维度：活力 (vibrancy)、优雅 (elegance)、胜任 (competence)、现代 (contemporary)、真诚 (sincerity)。这些维度对游客重游意向、推荐意向具有积极影响。该文证实自我一致理论适用于旅游目的地语境，现实一致和理想一致对行为意向具有积极影响。他们认为自我一致在一定程度上对目的地个性和游客行为意向之间的关系具有中介作用。

Hosany，Ekinci & Uysal（2006）调查了目的地形象与目的地个性的关系，指出目的地形象与目的地个性是相互关联的概念。典型相关分析揭示了在目的地个性维度中，旅游形象的情感成分解释了大部分方差。

Pitt et al.（2007）使用 Aaker 品牌个性量表分析了 10 个非洲国家的旅游官方网站品牌，发现并非所有的国家旅游官网都具有独特的品牌个性。粗犷（ruggedness）是最多人感知到的非洲品牌个性维度，安哥拉和南非的胜任（competence）个性比较突出，肯尼亚和津巴布韦的粗犷（ruggedness）个性比较鲜明。此外，品牌个性因子之间亦存在一定的相关关系，如优雅、真诚和刺激这三个因子的关系相比胜任和粗犷这两个因子，关系更紧密。

D'Astous（2007）以讲法语的加拿大人为调查对象，开发了一个由宜人（agreeableness）、邪恶（wickedness）、势利（snobbism）、勤勉（assiduousness）、顺从（conformity）、谦逊（unobtrusiveness）6 个因子构成的国家个性量表，并验证了国家个性因子对国家态度、该国产品态度、该国作为旅游目的地态度的关联。

Sahin & Baloglu（2009）调查了土耳其伊斯坦布尔的品牌个性和目的地形象，并比较了不同国家游客对个性和形象的感知差异，研究结果显示，美国游客更认可"胜任和现代""原创和活力"因素，东亚游客更觉得伊斯坦布尔是"西方的"且"务实的"。

Chen（2013）以外国游客为调查对象研究了柬埔寨吴哥窟寺的品牌个性，发现品牌个性由兴奋（excitement）、真诚（sincerity）、优雅（elegance）、粗犷（ruggedness）、现代（contemporary）5 个因子构成，并进一步分析了目的地形象、个性、满意度、信任、联想、忠诚度之间的关系，结果显示，目的地形象和个性对游客与目的地的关系具有正向影响，从而影响游客行为。

尹太焕（2009）基于 BPS 模型开发了旅游目的地品牌量表，收集了336 个样本对韩国首尔和釜山两个城市品牌（Hi Seoul & Dynamic Busan）的评价。结果发现，目的地品牌个性包括 3 个维度：真诚（sincerity）、兴奋（excitement）、魅力（attractiveness）。被访者对城市品牌的魅力和真诚的认知，对重游和推荐意向具有积极影响。

金哲源和李泰淑（2010）测量了韩国庆州和济州两个著名旅游目的地

的品牌个性，利用 TDBPS 验证了两个目的地个性构成因素的差异，在首尔火车站和金浦机场调查了 361 个被访者。结果显示，每个目的地都有其独特的品牌个性因素，结论指出，应在不同的旅游开发和运营阶段，强调不同旅游目的地品牌化的重要性。

唐小飞等（2011）以束河古镇、周庄古镇、阆中古镇和平遥古镇为背景，在"仁和""时新""高雅""诚信"和"智慧"5 个品牌个性维度上，采用单因素方差统计技术对游客的重游意愿进行对比分析，从中找出影响游客重游意愿的关键因素。研究发现，重游意愿较高的束河古镇与其余 3 个古镇在"仁和"和"时新"这两个维度上存在显著差异，在"高雅""诚信"和"智慧"3 个维度上并不存在显著差异。

曲颖和李天元（2012）构建并实际阐释了一个以目的地品牌个性为核心定位分析指标的目的地非功用性定位模型，将目的地定位纳入目的地品牌化研究框架之下，以中国北方 5 个滨海城市为案例进行定位分析。对大连非功用性定位最有用的品牌个性特质为"多才多艺的"。

高静和焦勇兵（2014）以西湖、西溪湿地、大运河 3 个杭州旅游景点为调查地点，以国内游客为调查对象，根据国内外相关文献选取了 16 个个性特征词汇进行因子分析，然后对比分析了投射品牌个性与感知品牌个性之间的差异，由此提出目的地品牌差异化定位模式。

表 2 - 1　旅游目的地品牌个性先行研究回顾

文献	研究对象	被访者	量表词汇数量	因子构成	文化背景
Ekinci & Hosany (2006)	世界热门旅游目的地（西班牙、法国、美国等）	250 位来自欧洲的游客	27 个	真诚、兴奋、友好	欧洲
Murphy et al. (2007)	澳大利亚昆士兰州的圣灵群岛	464 位到访昆士兰的游客	20 个	优雅和胜任、真诚、兴奋、粗犷	澳大利亚

（续上表）

文献	研究对象	被访者	量表词汇数量	因子构成	文化背景
Usakli & Baloglu (2011)	拉斯维加斯	368位到访拉斯维加斯的游客	29个	活力、优雅、胜任、现代、真诚	北美、西欧
Chen（2013）	柬埔寨吴哥窟	428位外国游客	37个	兴奋、真诚、优雅、粗犷、现代	北美、西欧、亚洲
D'Astous (2007)	世界主要国家品牌	170位讲法语的加拿大人	37个	宜人、邪恶、势利、勤勉、顺从、谦逊	北美
Sahin & Baloglu (2009)	土耳其伊斯坦布尔	272位外国游客	28个	胜任与现代、独创与活力、真诚、新颖时尚、友好	欧美
尹太焕 (2009)	韩国：首尔、釜山	336位外国游客	29个	真诚、兴奋、吸引力	韩国
金哲源，李泰淑 (2010)	韩国两大观光城市：庆州、济州	316位韩国游客	27个	优雅、能力、平和、舒适、独特	韩国

（续上表）

文献	研究对象	被访者	量表词汇数量	因子构成	文化背景
金形吉等（2009）	韩国济州岛	305 位韩国游客	24 个	创新、温和、优雅、可信、活跃	韩国
唐小飞等（2011）	中国传统古镇：束河、周庄、阆中、平遥	344 位中国居民	17 个	仁和、时新、智慧、诚信、高雅	中国
曲颖，李天元（2012）	中国滨海城市：大连、青岛、威海、烟台和天津	444 位中国游客	16 个	兴奋、卓越、真诚、世故	中国
高静，焦勇兵（2014）	中国杭州：西湖、西溪湿地、大运河	541 位中国游客	16 个	高雅、动感、质朴、能力、温馨	中国

2.7 域外中国城市个性感知回顾

外国人如何看中国的话题由来已久，在历史学、比较文学、国际关系学领域多有探讨。外国人眼中的中国城市个性在过去漫长的历史进程中并非一成不变，而是在不同历史时期表现出不同的特征。早期外国人来华，主要出于经商、宗教、外交、留学等原因，大致始于两汉，继之以唐，盛之于元，明清之际大量涌入初现端倪，到晚清时期才形成一股巨大潮流。（耿昇，2004）古代中国没有"入境旅游"之说，因为古代中国经历了多次政权变更和领土分裂，发展不是延续的，疆域也是相对变化的。本节所指的"中国"，泛指中华民族在夏朝以后的各个朝代。城市，在古代中国，指拥有围墙的人类聚落。城墙和集市作为古代中国城市的基本标志，两者密不可分。中国城市最早出现在距今四千年前的夏朝后期，秦朝实行郡县制之后，县城作为中国城市的最基本单位，在全国各地广泛兴建。汉代以来，中国城市的格局和规模开始确定下来，确立了呈四方形的城市标准格局，长安（西安）、洛阳更成为日本、韩国等东亚邻邦城市规划设计的典范。根据中西方历史脉络和中外交流历程，本节将历史时代分为古代（5世纪之前）、中世纪及文艺复兴时代（5—17世纪）、近代（18—20世纪初），并分别对每个历史时期的相关史料和研究文献进行梳理和总结，介绍从古代到近代中国城市个性在外国人眼中之共性和变迁。

2.7.1　神秘的伊甸园传说（古代）

中世纪之前，受限于当时的社会经济和交通技术水平，极少西方人能踏足中国大陆，所以，西方最早关于中国及中国城市的印象源自印度、阿拉伯等中国周边国家来华商人的口口相传。最早与中国开始海上贸易的国家是印度、斯里兰卡及伊朗等国家，以印度等地为中间站的中国和阿拉伯地区的海上往来，至少在公元元年前后便已开始。（张俊彦，1986）西方关于中国的传说零星地散落在各种外国古代文献中，这些珍贵的历史记载代表着中外初次碰撞的思维原点，至今依然定格在外国人感知中国的印象之中。

阿拉伯、波斯、希腊等西方世界与中国的最早接触始于中国的丝绸，根据希罗多德所著的《历史》记载，早在公元前5世纪，中国的丝绸就传入西方。当时的中国被称为"赛里斯国"（Seres）①，即丝绸之国。丝绸于是成了寄托西方世界对遥远东方国度憧憬的载体。丝绸在当时属于贵族用品，生产丝绸的国家自然会被与"富贵""美丽""优雅""精细"等特性联系起来。

按照西方古籍记载，西方世界关于中国及中国人最早的传说大致如此："赛里斯国幅员辽阔，人口众多，东至大洋及有人居住世界的边缘，向西几乎延伸至伊穆斯山和巴克特里亚疆界；赛里斯人身材高大，超乎常人，红发碧眼，说话声音沙哑，没有共同语言与之沟通；赛里斯人为文明进化之族，举止温文敦厚，性喜安静平和，于平和中读书度日，避免与他人接触，甚至羞于与他人进行密切交往，所以从不扰挠邻国；赛里斯国气候迷人，空气清新健康，天空晴朗，和风习习，森林广袤，人行其中，仰

---

①　戈岱司. 希腊拉丁作家远东古文献辑录 [M]. 耿昇，译. 北京：中华书局，1987：3.

视不见天日。"① 可见，在西方的传言中，遥远的东方无论是地域人种，还是言谈举止，都充满了奇异的色彩。

由上可见，在中西方素未谋面的 1 500 多年以前，中国就引起了西方国家的注意。西方人通过各种商品贸易和道听途说，把中国想象为富裕、文雅、美丽、宁静、纯朴的人间乐园和文明之邦，当时的欧洲还是等级森严的奴隶社会，社会动荡，战事不断，关于中国文明之邦的传说，寄托了西方人对和平、财富、文明的向往。

2.7.2 崇敬的乌托邦想象 （中世纪及文艺复兴时代）

中国从秦汉以来一直到清朝初期，特别是汉唐时期，被公认为世界上最强大的帝国之一。汉代以来，中国城市的数量增多和规模扩大、陆海"丝绸之路"进一步畅通，以及内河水路交通发达程度提高，为外国人来华旅行提供了极大的便利，中外人员交流逐渐增多。在 6—8 世纪，唐朝的长安成为一个开放的世界性都市，大批外国商人、使节、留学生和宗教徒等经陆路和水路来到中国，他们大多居住在长安，据统计，当时长安的外国人口数占城市总人口的 5% 左右。（沈福伟，1985）根据唐代阿拉伯商人见闻编撰的《中国印度见闻录》如此描述 9 世纪中叶 10 世纪初的中国城市："中国更美丽，更令人神往。印度大部分地区没有城市，而在中国人那里则到处是城墙围绕的城市。"②

元代，东西方交通的畅通、驿站制度的建立，为外国人来华提供了极大的交通便利，海外贸易和中外交通空前发展，中国与亚洲、欧洲、非洲各国的经济、文化交流日益频繁。1271—1295 年，意大利人马可·波罗到中国游历，留下著名的《马可·波罗游记》，这是第一部向世界全面介绍中国的游记，曾激起欧洲人对神秘中国的无限向往。马可·波罗先后到访北京、太原、西安、成都、昆明、宿迁、淮安、泰州、扬州、开封、襄阳、武昌、镇江、苏州、杭州、福州、泉州等城市，盛赞中国城市之伟大富庶，称赞其建筑华丽、工商繁盛、物产丰饶，并称之为有着普遍物质繁荣的商人的天堂。汉八里城（北京）让马可·波罗印象最深刻的是"城中

---

① 裕尔，撰，考迪埃，修订. 东域纪程录丛：古代中国闻见录 [M]. 张绪山，译. 北京：中华书局，2008：2，13，157，160，164.

② 阿拉伯人无名氏. 中国印度见闻录 [M]. 穆根来，汶江，黄倬汉，译. 北京：中华书局，1983：24－25.

有其大宫殿"，即今之紫禁城，他用"大""高""富丽"等词语形容紫禁城，还惊叹北京城的贸易发达和人口繁盛。杭州城在马可·波罗眼里是"世界最富丽名贵之城"，他认为"行在城（杭州）所供给之快乐，世界诸城无有及之者，人处其中，自信为置身天堂"①。泉州令马可·波罗最难忘的是其发达的港口贸易，"印度一切船舶运载香料及其他一切贵重货物咸莅此港，是亦为一切蛮子商人常至之港，由是商货宝石珍珠输入之多竟至不可思议"②。

1322—1328 年，另一位意大利旅行家鄂多立克在游历东方的游记中为中国城市而惊叹："广州是一个比威尼斯大三倍的城市，该城有数量庞大的船舶，整个意大利都没有这一个城的船只多，城中有大量各种生活必需品，该地系世上最好的地方之一；福州城雄伟壮丽；杭州城是全世界最大的城市，确实大到我简直不敢谈它，若有人想要谈谈该城的宏大和奇迹，那整卷的纸都写不下我所知的事。因为它是世上所有最大和最高贵的城市，并且是最好的通商地。"③ 此外，鄂多立克还饶有趣味地描述了中国南方城市某富贵人家的生活场景：家中有金山银山，吃饭时由美女喂食，并有音乐伴奏。这让读者对中国城市贵族的奢华生活浮想联翩。

1346—1347 年，来自摩洛哥的阿拉伯旅行家伊本·白图泰以使臣身份游历了泉州、广州、北京、镇江、杭州等城市，写下名著《异境奇观：伊本·白图泰游记》，书中以阿拉伯人的眼光描绘了元朝时的中国城市形象。当时的中国城市已具有较高的国际化水平，"每个城市都有专供穆斯林居住的区域，那里有清真寺，以便他们去做聚礼等用。穆斯林备受人们的尊敬。"④ 白图泰称赞在中国旅行是最安全的，因为中国是当时世界上最安定的国家，处处设有驿站，即使携带巨款，独自旅行九个月，也不会担惊受怕。⑤ 他赞美泉州是"一座宏伟壮观的大城，以生产锦缎而闻名，并以城名命名刺桐锦"，"泉州港是世界上最大的港口，港内有上百条小船可谓多

---

① 沙海昂. 马可·波罗行纪［M］. 冯承钧，译. 北京：中华书局，2003：578.

② 沙海昂. 马可·波罗行纪［M］. 冯承钧，译. 北京：中华书局，2003·609.

③ 何高济，译. 鄂多立克东游录［M］. 北京：中华书局，1981：64–69，83.

④ 伊本·白图，口述，朱甾，笔录. 异境奇观：伊本·白图泰游记：全译本［M］. 李光斌，译. 北京：海洋出版社，2008：539.

⑤ 伊本·白图，口述，朱甾，笔录. 异境奇观：伊本·白图泰游记：全译本［M］. 李光斌，译. 北京：海洋出版社，2008：542.

得不可胜数"①。他对广州城的"市场"印象最为深刻,"论市场,它(广州)是中国几大市场之一。市场中尤以陶瓷市场为最。陶瓷由这里贩运到中国各地及印度、也门等国"②。杭州,白图泰认为是"地球上我到过的城市中最大的……城中央是王宫,气势雄伟"③,"市场繁荣兴旺,许多能工巧匠在那儿编制汉锦及制造各色手工艺品"④。北京,在白图泰眼中是"世界上最庄严的城市之一……像大都会一样……皇宫的建筑都为木架结构,雕梁画栋,布局奇巧,令人赞叹不已"⑤。

1488 年,韩国中层官员崔溥在中国停留四个半月,沿途经过杭州、苏州、扬州、淮安、临清、德州、天津、北京等历史名城,写下了著名的《漂海录》。书中描述明朝中国城市的大体风貌:"楼台之密、市肆之盛、货财之富、船舶之集,名于天下矣。"⑥

随着 16 世纪新航路的开辟,欧洲人陆续东来,中外交流进入新时期。1556 年,葡萄牙传教士克路士在《中国志》一书中如此记载明代中国城市:"中国比其他国人口多,国土大,政体和政府优越,财富和财物丰足"⑦,"这个国家面积大,人口多,而且有漂亮房屋的城市"⑧,"城内街道笔直划一,街道都铺得很好,大街上有横过路面的牌楼,高大又建筑精美,街道因此显得美观,城池变得气派起来"⑨,"使城市更显壮丽、充裕和富足的是,这些船都运载大量布匹丝绸、粮食等商品及其他货物"⑩,"土地的出产极富庶,食物及维持生活的各种必需品都极其充足"⑪。

---

① 伊本·白图,口述,朱俪,笔录.异境奇观:伊本·白图泰游记:全译本 [M].李光斌,译.北京:海洋出版社,2008:543.
② 伊本·白图,口述,朱俪,笔录.异境奇观:伊本·白图泰游记:全译本 [M].李光斌,译.北京:海洋出版社,2008:544.
③ 伊本·白图,口述,朱俪,笔录.异境奇观:伊本·白图泰游记:全译本 [M].李光斌,译.北京:海洋出版社,2008:549.
④ 伊本·白图,口述,朱俪,笔录.异境奇观:伊本·白图泰游记:全译本 [M].李光斌,译.北京:海洋出版社,2008:551.
⑤ 伊本·白图,口述,朱俪,笔录.异境奇观:伊本·白图泰游记:全译本 [M].李光斌,译.北京:海洋出版社,2008:554-555.
⑥ 葛振家.崔溥《漂海录》评注 [M].北京:线装书局,2002:134.
⑦ 博克舍.十六世纪中南行纪中国漫游记 [M].何高济,译.北京:中华书局,2002:38.
⑧ 博克舍.十六世纪中南行纪中国漫游记 [M].何高济,译.北京:中华书局,2002:62.
⑨ 博克舍.十六世纪中南行纪中国漫游记 [M].何高济,译.北京:中华书局,2002:66.
⑩ 博克舍.十六世纪中南行纪中国漫游记 [M].何高济,译.北京:中华书局,2002:78.
⑪ 博克舍.十六世纪中南行纪中国漫游记 [M].何高济,译.北京:中华书局,2002:92.

1615 年，精通汉语的意大利传教士利玛窦首次把孔夫子、四书五经及中国文化哲学思想介绍给欧洲人，他认可中国文化之优越性，称赞孔子的博学和伟大、中国政府机构体系的条理井然。[1]

1643 年，葡萄牙人曾德昭根据自己在中国 21 年（1616—1637）的传教经历，写成《大中国志》一书。曾德昭对广州的印象是"客商云集，人口比其他许多城市多，中国大部分最好的商品都由此处运往各地，因为它是中国最开放、最自由的交易地点"[2]。他形容杭州西湖是"世界奇景之一"[3]。他对南京城的评价是"全国最大最好的城市，优良的建筑，宽大的街道，风度优雅的百姓以及丰富优良的种种物品……无数的宫殿、庙宇、楼塔及桥梁，使城市显得非常壮丽"[4]。他认为北京城是"强大君王的皇城"，"城墙之宽足容 12 骑并行"[5]。

综上可见，这一时期外国人对中国城市充满赞誉之辞，甚至不乏夸大失实的说法。中世纪的中国城市以富裕和繁荣为个性特质，是外国人寄托想象的乌托邦和争相效仿的榜样，是外国人经商、求学、宗教朝拜的理想目的地。当时外国人在中国旅行主要经过内河航道，外国游客看到的是中国港口商埠城市的人口数量众多、物产丰富、工商业繁盛、城墙楼宇宏伟壮丽，以及"多""富""盛""丽"背后潜藏的巨大商业利益、宗教理想和文化哲学魅力，这也成为世界各地的人不远万里来到中国旅行的核心吸引力。

2.7.3　矛盾的多元集合体（近代）

鸦片战争之后，清政府从欧洲贸易仅限于广州的"一口通商"改为开放广州、福州、厦门、宁波和上海的"五口通商"，外国人来华旅游逐步开放。（宋振春，2004）19 世纪蒸汽轮船的发明大大方便了远洋旅行，20 世纪以来，外国人入境人数快速增长，尤其是在 1921 至 1928 年间，中国年均接待入境游客 56 940 人次，而同期美国年均接待入境游客 69 750 人次，（张俐俐，1998）两国的入境旅游接待人数大体相当，说明近代的中国入境旅游接待规模已处于世界较高水平。来华外国人从浅层次的走马观

---

① 利玛窦．利玛窦中国札记 [M]．何高济，等译．北京：中华书局，1983：31，44.
② 曾德昭．大中国志 [M]．何高济，译．北京：商务印书馆，2012：19－20.
③ 曾德昭．大中国志 [M]．何高济，译．北京：商务印书馆，2012：26.
④ 曾德昭．大中国志 [M]．何高济，译．北京：商务印书馆，2012：27.
⑤ 曾德昭．大中国志 [M]．何高济，译．北京：商务印书馆，2012：36.

花，到深层次的文化解读，不断加深旅行体验。在这一时期，中西方文化发生了前所未有的大规模的直接碰撞和交融，外国人对中国城市印象的感知体现了各种异质文化和思想的激烈冲突。不少来华外国人除了记录在中国旅行的所见所闻之外，还根据自己对中国的多年研究和在华的切身感受，对中国的历史文化、自然地理、政治体制、语言文学、宗教信仰、民族性格和社会生活等问题进行深入思考和评论，写下了大量关于中国学的著作，成为当时全世界了解中国的重要媒介，如倪维思的《中国和中国人》、明恩溥的《中国人的气质》、阿林敦的《青龙过眼》、约·罗伯茨的《十九世纪西方人眼中的中国》等。

近代以来，西方国家因工业革命发展而富强起来，国力大大超过故步自封的大清帝国，国际社会基于西方的价值观体系视角逐渐对中国形成了一种贫穷、落后、野蛮、愚昧的否定性形象。当时在西方世界对中国流传甚广的印象是：人们平素喜欢吃鼠、猫、狗、蛇；城市肮脏破乱；大多民众极端贫困；中国女人裹足；义和团暴徒袭击外国人。研究跨文化形象的学者认为，中国形象是西方文化的"他者"镜像，它既可以是理想化的乌托邦，也可以是丑恶化的满足自我确认与自我巩固需求的意识形态。（周宁，2012）英国著名汉学家雷蒙·道森曾指出："欧洲旅行家在看待中国时并没有使用自己的眼睛，而是带着为他们所处时代的热情或偏见涂以颜色的眼镜看待问题。"（道森，2006）

西方人对中国城市褒贬不一，他们用自己的价值观和审美标准衡量中国城市，并通过对比欧洲城市的典型范式形成对中国城市印象的感知。因此，他们一方面会对中国城市的建筑华丽、工商繁盛以及充满异域特色的风土人情赞美不已；另一方面也会对中国城市的建筑式样单调、公共基础设施匮乏、卫生条件恶劣等情况产生负面感知。马嘎尔尼访华使团成员约翰·巴罗认为，欧洲城市通常建筑形态和色彩丰富多样，房屋很少少于四层，在整个城市建筑群天际线中，城堡或教堂的尖顶、穹顶、方尖碑以及其他高耸的公共建筑总会率先跃入眼帘令人印象深刻，但在北京、南京、广州等中华名城，除了宫殿、城墙、角楼、牌坊、宝塔等建筑较高、风格奇特、色彩华丽之外，绝大多数房屋只有一层高，建筑式样和颜色单调乏味，街道也很狭窄，缺乏引人注目的宏伟景观。①

外国游人认为，相比古罗马、伦敦等欧洲城市，中国城市的公共基础

---

① 约翰·巴罗. 我看乾隆盛世 [M]. 北京：北京图书馆出版社，2007：5.

设施非常落后。美国人罗斯如此描述清末中国城市的面貌："中国具有欧洲中世纪时代的种种特征，所有城市都有围墙。城市的街道狭窄、弯曲、凹凸不平、肮脏不堪、臭气熏天。狭窄的街道总是拥挤不堪，城市中人口众多且高度密集，城市中的建筑主要是平房，除北京外，中国的其他城市面积很小。城市中没有公共用水、没有公共照明设施、燃料极其匮乏。"①美国人阿林敦在其名著《青龙过眼》中描述了 1879 年的中国城市："那时的天津，甚至一直到 1900 年都被说成是除了厦门之外中国最肮脏的城市……中国所有的城市，即使在目前，甚至是逐步现代化的广州以及其他像广州这样的城市，或多或少还是脏。"② 1905 年，塔夫脱率队的美国政府代表团成员弗罗斯特在其访华日记中这样描述广州："广州整座城市建造得杂乱无章，陌生人在那儿行走就像迷失在森林里一样……然而广州最糟糕的是那无处躲避的恶臭味……这地方四处都有拥挤不堪的人群也会让你同样感到厌恶。"③

虽然对城市基础设施不满，但外国游客对中国城市迷人的风光景致、深厚的历史文化遗存、优雅的中国礼仪、精致的商铺商品等还是持肯定态度。1844 年，英国传教士施美夫登上宁波天风塔，赞叹宁波城之美丽风景："极目远眺，因封建迷信而建立的林林总总的庙宇寺院、设计新颖的楼房、怪诞的建筑风格、雕塑奇特的牌楼、市政机构形形色色的徽章、公共建筑的不规则排列，凡此种种，构成了斑驳杂乱而绵延不断的一个群体。城墙绕城而筑，两边相距三五里。城墙外观原本单调，幸得城门上安置哨楼，略添变化。宁波城三面溪流环绕，明渠暗沟将城内污水、垃圾排入溪流。城东，甬江横流，江上帆影重重。城墙以外，一马平川，土壤肥沃，特产丰富。三五十里外，山岭轮廓分明，远远浮在天际，使得眼前景致完美无缺。此时此地，游人啊，望着这感人的人生全景，你是否会理解一个置身于新世界之人的感受？"④ 1861 年，一个到广州旅游的美国人如此赞美广州的风光："我们继续逆流而上，缓缓航行。凭栏远望，河岸上是青青的菜地、繁密的树林和一个接一个的村庄，以及一座座高耸的宝塔。秀丽的风景在正午明亮的阳光中扑面而来，又渐渐远去，令人赏心悦

① 罗斯. 变化中的中国人 [M]. 北京：中华书局，2006：1.

② 阿林敦. 青龙过眼 [M]. 叶凤美，译. 北京：中华书局，2011：40.

③ 马戈·塔夫脱·斯蒂弗，沈弘，詹姆斯·塔夫脱·斯蒂弗. 看东方：1905 年美国政府代表团访华之行揭秘 [M]. 杭州：浙江大学出版社，2012：124.

④ 施美夫. 五口通商城市游记 [M]. 北京：北京图书馆出版社，2007：140.

目，无限欣喜。"① 1871 年，一个欧洲游客赞叹中国人的礼仪特色鲜明，"广州的茶馆很像纽约的小酒馆或酒吧，也有伦敦酒吧的格调。……这里常常是 30 人围坐在一些小桌子旁……他们之间的谈话欢快但不喧嚣，所有人都显得恭谨有礼，宽宏大量。在这点上，东方文明比西方文明要可取得多。我多么希望欧洲大城市里的劳动者们也能经常光顾茶馆，而不是天天到酒吧里去闹事"。他还赞美广州的商铺精致："广州城内商店林立，有些商铺非常宽敞明亮，而且布置得相当精致。……器皿上形形色色的人物、花卉、纹饰、花格等等，做工都是如此精致、典雅，无不具有浓郁的清国风格，以至于无论是塞夫勒还是德勒斯顿（欧洲中世纪和近代两大瓷器工业中心）的同类瓷器都无法与之媲美。"② 1877 年，一个美国人在游记中称上海是"气势非凡的商埠大都"，并这样描写上海外滩："有一排宏伟的西式建筑，建筑风格豪华夸张，著名的旗昌洋行、怡和洋行，都拥有自己富丽堂皇的大厦"，"上海的俱乐部显得十分的奢华、阔气，足以让从伦敦和纽约来的客人们羡慕不已"。③ 1907 年，英国画家利德尔登上镇海楼俯瞰广州城全景，感慨道："庄严华丽的宝塔俯瞰全城，到处能见到高耸的方形建筑，即前文提及的当铺。多美而精致啊！绿树掩映之中是庙堂的飞檐翘角。苍茫的天空下，四下里尽是灿烂的阳光和诱人的美景。看到这些，很难让人想起下面的拥挤肮脏和尘土飞扬。"④ 在中国城市的街道上，店铺内整洁适宜与街上污秽肮脏、商品琳琅满目与民众生活贫苦、店主殷勤待客与乞丐争抢垃圾的景象⑤形成强烈对比，让外国游客感到触目惊心。

综上可见，近代外国人眼中的中国城市形象既有美好的一面，也有脏乱的一面。域外中国城市形象是西方价值观体系折射下的多棱镜像，并在一定程度上被扭曲。中国城市可以让外国人同时感受到美丽和丑陋、富裕与贫穷、文明和野蛮、丰富与趋同、热情与冷漠等多种完全矛盾对立的特质，让人莫衷一是、又爱又恨。虽然近代中国城市经济发展水平落后，公共服务配套设施严重不足，但从普通外国游客的角度来看，中国以其美丽的自然景观、丰富的历史遗存、精致的商铺商品、儒雅的礼仪和好客的民

① 佚名. 清国名城广州游历记 [N]. 纽约时报, 1861 - 02 - 22.

② N. S. D. 广州的一天 [N]. 纽约时报, 1871 - 12 - 24.

③ T. W. K. 1877 年的上海：火轮信使—— 一个美国人的游记 [N]. 纽约时报, 1877 - 12 - 24.

④ 利德尔. 帝国丽影 [M]. 陆瑾，等译. 北京：北京图书馆出版社, 2005：27.

⑤ 密福特. 清末驻京英史信札（1865—1866）[M]. 温时幸，等译. 北京：国家图书馆出版社, 2010：81.

风，依然是当时充满魅力的国际旅游目的地。

2.8　问题评述

Aaker（1997）所创立的品牌个性大五模型（BPFFM），在学术界产生巨大反响。但是，该文发表以来，引起不少学者的质疑和批判，如量表缺乏负面因素、量表纳入非人格特征、量表不具跨文化普适性等。Avis（2012）在综合其他文献指出的若干问题的基础上，进一步归纳和详细说明了品牌个性大五模型存在的三大问题：范畴混淆（category confusion）、语境转换（domain adjustment）、词汇筛选（descriptor selection）。

范畴混淆问题指品牌个性测量量表里面掺杂了属于范畴概念的题项。所谓"范畴"，即类型、范围，在这里是西方哲学的术语，指关于存在的各种规定。（许姗，2008）比如说，这个是"人"，那匹是"马"，只有"是"或"非"两种可能。品牌个性要测量的不是归属哪个范畴的问题，而是消费者对品牌个性的感知强度。比如说，法国巴黎的城市品牌个性是浪漫的，那么"浪漫的"这个题项对于不同消费者就有不同的感知强度，有人可能认为巴黎非常浪漫，有人则可能认为巴黎只是有点浪漫而已，表现在实际问卷调查中的量化形式是李克特5分、7分、9分等级选项。品牌个性因子分析模型正是基于这种感知强度差异来进行题项聚类的。但是，在关于品牌个性的先行研究之中，量表中经常出现一些属于范畴概念的题项，例如，"上流社会"（upper class）（Aaker，1997；Uakli & Baloglu，2011；Chen，2013）、"女性"（feminine）（Aaker，1997；Usakli & Baloglu，2011）、"小镇"（small town）（Aaker，1997）、"领导者"（leader）（Aaker，1997；Usakli & Baloglu，2011）等。又如，"上流阶层""优雅绅士"可以与威士忌酒相提并论，但如果作为品牌个性测量题项，将难以测量其程度。Batra等（2010）的研究表明，测量范畴意义上的个性对消费者品牌个性感知并无显著影响。因此，在问卷量表设计时应剔除范畴意义的个性，否则研究结论的有效性和显著性将会受到质疑。

语境转换问题指词语意思会随语境改变而改变。语言的理解必须结合上下文，尤其当测量量表以单个词语形式并列出现在问卷中，没有完整句子来辅助构建语境，词语意思更容易发生分歧。其中的语境至少包括三个方面：一是原本用于描述人性的词语被用来形容一个品牌，词语意思会发生变化；二是多个词语同时出现在问卷量表中，阅读前后顺序造成词语之间的对比也会对词义产生影响；三是用于评价不同品牌，词语意思也会发生改变。例如，使用 Aaker（1997）量表中的"健全的"（wholesome）题项来分别评价一个咖啡店的品牌、一个香烟品牌、一个牛仔裤品牌，各自所指的"健全"内涵是不一样的。又如，同样用"浪漫的"（romantic）一词形容不同的地方，意义也是不同的，桂林和三亚都具有"浪漫"的特质，但桂林让人联想到的是山水田园，而三亚则是海滨休闲度假。不同产品领域的品牌个性，根本就不具有可比性。更重要的问题是，当被访者看到品牌个性的测量量表时，他们头脑中浮现的到底是什么，是品牌的人格特性，还是品牌形象（brand image）或使用者形象（user-imagery）或其他？同样一个形容词可以用于形容不同事物，从而产生对该词不同的理解。例如，"好的"（good），描述"住宿设施好"，表示客房干净、用品舒适、设施先进等；描述"当地人很好"，表示当地人待人热情、诚恳、礼貌、周到。因此，基于因子分析归纳出来的因子构成，应该再用演绎法追溯或推测这些词汇所表达的具体意思。

　　这就导致了词汇筛选问题：品牌个性的概念界定缺乏严谨的理论基础，导致很多文献将非人格特质的词汇纳入量表中。目前大部分学者使用 Aaker（1997）所下的定义，即品牌个性是"一组与品牌相关的人类特征"，但是这一概念界定过于宽泛，等于说所有与人相关的东西都可以用于品牌。在具体测量题项的选用上暴露了各自对品牌个性的真实理解。Aaker（1997）的量表中包含人口统计特征词汇，如"年轻的"（young）表示年龄，"女性的"（feminine）和"男子汉的"（masculine）表示性别，"上流社会"（upper class）表示社会阶层，"小镇"（small-town）表示居住地，这说明 Aaker（1997）认为的品牌个性是所有与人相关的特征。国内研究者在词汇筛选问题上概念泛化的倾向表现得更为明显，有些研究的选词甚至超出人类特征的范畴，将所有能反映品牌特征的形容词都作为品牌个性的测量题项。例如，白凯（2011）的量表中出现描述旅游地资源（"山清水秀的""郁郁葱葱的"）、游客动机（"追根求源的"）、游客体验（"流连忘返的"）的词语；吴水龙等（2014）选用表示生活方式的词语"运动的"描述品牌个性；高静等（2014）使用表示自然环境的"生态"一词作为个性特征。

品牌个性测量题项的滥用，反映了学界对品牌个性概念的认识混乱。品牌个性不完全等同于心理特质，因为人格特质可通过行为、物理特征、态度和信念、人口统计特征来理解，但品牌个性却能从任何直接或间接的消费者与品牌的接触过程中创造或形成。（Shank & Langmeyer，1994）正如 Aaker（1996）所指出，品牌个性可由产品相关因素（产品范畴、包装、定价、物理属性）和产品不相关因素（消费者过往经验、使用者形象、象征符号、营销传播、口碑、CEO 形象、名人代言、文化）形成。不少学者开始改用范围更限定、更为严谨的定义，如 Azoulay & Kapferer（2003）提出的"品牌个性是一组适用于品牌，并与品牌相关的心理特征"，王保利（2009）提出的"品牌个性是消费者所感知的品牌所体现出来的一套人格特征"。这两个定义与 Aaker（1997）定义的区别在于：一是将"人类特征"改为"人格特征"，人类特征容易泛化为与人相关的所有特征，而人格特征仅限定为心理特质；二是不仅要"与品牌相关"，还要"适用于品牌"，即以消费者对品牌的感知为主体，而不是品牌使用者形象、企业 CEO、产品代言人等。

2.9　研究不足

目前，在针对入境游客市场的目的地品牌管理方面，理论研究明显滞后于实践应用需求，缺乏指导旅游管理部门开展相关营销实践活动的理论依据和经验指引。在国际旅游市场品牌竞争白热化的时代，中国旅游管理部门已经意识到目的地个性的重要性，旅游目的地宣传不能再仅仅局限于表面化的宣传口号和形象标志，而是应围绕旅游品牌个性开展可持续的、全方位的品牌化建设。然而，入境游客如何感知中国旅游目的地的品牌个性，以及旅游目的地如何制定品牌个性战略的问题，有待更深层次的学术研究。

一直以来，学者们致力于研究品牌个性的构成维度及其对其他相关因素的作用，但在消费者如何感知品牌个性因素，以及什么因素影响品牌个性感知方面缺乏研究。Maehle 等（2011）的研究是填补这一研究空白的较好例子，他们通过深入访谈、文本分析等定性研究方法，解释了消费者如何认知 Aaker（1997）的 5 个品牌个性维度，识别了消费者将什么品牌作为个性维度的典型代表，并说明这些品牌的共同特征，进而解释为什么消费者视之为典范。该研究指出，特定品牌的个性维度与特定产品系列有关。例如，真诚的品牌代表家庭关联与较高道德规范；刺激的品牌为消费者提供体验刺激感的机会，并与特定刺激场合有关；竞争的品牌与专业和品质有关；优雅的品牌通常具有女性特点；粗犷的品牌具有男子汉特点。品牌个性是人格特质在目标域上的映射，对于特定领域下新构建的品牌个性维度必须解释消费者如何对其进行认知，并确认每一种个性维度的典型代表，以增加个性维度的合理性和可信度。

人格特质词汇的心理认知缺乏深入的语境分析。近年来，语言学、心理学、管理学等多学科的介入使认知语言学的研究方法趋于多元化，不再主要依赖内省法，而是开始探索使用心理实验法、语料库研究法等实证分析方法。虽然心理实验法具有过程的客观性、结果的可靠性、结论的可验证性等优点，但明显的不足在于，它把所研究的单个认知因子与其他众多因子隔离开来，人为地消除语境差异对认知的影响，导致了"去语境化"的问题。（束定芳，2013）认知语言学只关注语言运用中的心理表征和认知过程，而忽略了作为语言核心功能的社会交往作用，即认知语言学研究未能积极参与语言的社会运用的研究。为了提高研究结果的真实性和可靠性，认知语言学在进行心理实验法研究时，应考虑语境参数对实验程序及结果的影响。

现有文献缺乏古今中国城市个性变化的纵向研究。目前关于品牌个性的研究主要基于某个时间点的横向视角，即研究了某一时段人们对品牌的个性感知，与其他概念之间的关系，而尚无关于品牌个性如何在不同历史时期发展变化的研究。外国人眼中的中国城市，既是对城市景观、风土人情、自然环境的整体感知，又是所处历史时代、自身的文化背景、语言习惯、知识结构在中国城市这个场域下的投影，它是动态变化的建构过程。本书通过抽样调查，研究入境游客对当代中国城市的个性感知，由此进一步比较从古代到现代 4 个不同历史阶段的中国城市个性差异，并讨论中国城市个性感知如何随着中外历史时代的变化而变化的过程。

2.10　本章小结

从研究的空间层次来看，有学者研究了国家层面的品牌个性，如 D'Astous & Boujbel（2007）研究了世界各国的国家个性；有学者研究了旅游目的地的品牌个性，包括世界热门旅游目的地（Ekinci & Hosany，2006）、澳大利亚圣灵群岛（Murphy et al.，2007）、韩国济州岛（金形吉等，2009）等；有学者研究了城市的品牌个性，如美国拉斯维加斯（Usakli & Baloglu，2011）、土耳其伊斯坦布尔（Sahin & Baloglu，2009）、韩国两大观光城市庆州和济州（金哲源，李泰淑，2010）、中国海滨城市（曲颖和李天元，2012）；有学者研究了旅游景点的品牌个性，如柬埔寨吴哥窟（Chen，2013）、中国传统古镇（唐小飞等，2011）、中国国家地质公园（白凯，2011）、杭州景点（西湖、西溪湿地、大运河）（高静，焦勇兵，2014）等。可见，外国学者更多地关注宏观空间层次的研究，如国家、城市及旅游目的地，而中国学者更倾向于研究微观空间层面的旅游景点。

从研究方法来看，最多学者采用的是人格特质因子分析模型（Ekinci & Hosany，2006；Sahin & Baloglu，2009；Usakli & Baloglu，2011；Chen，2013）。此外，还有环形模型（Sweeney & Brandon，2006；Bao & Sweeney，2009；崔昌原，2010）、开放式访谈（Maehle et al.，2011）、网络文本分析（Pitt et al.，2007）等。

从研究的受访对象来看，有学者则以外来游客为调查对象（Ekinci & Hosany，2006；Murphy et al.，2007；Sahin & Baloglu，2009），有学者以当地居民为调查对象（金哲源，李泰淑，2010；唐小飞等，2011）。从研究的文化背景来看，学者们根据自己所处的文化背景开展研究，如欧洲背景（Ekinci & Hosany，2006）、欧美背景（Sahin & Baloglu，2009；Usakli & Baloglu，2011）、韩国背景（尹太焕，2009；金哲源，李泰淑，2010）。也有学者开展了跨文化背景的比较研究，如 Aaker 等（2001）比较了美国、日本、西班牙的品牌个性差异，黄胜兵和卢泰宏（2003）比较了中美及中日品牌个性维度，Sung & Tinkham（2005）研究了韩美两国人民对品牌感知的差异。

　　综上可见，本书在学术研究中的创新性在于空间层次和受访对象方面：空间层次为中国热门旅游城市，研究方法为人格特质因子分析模型，研究的受访对象为来粤入境游客，研究的文化背景为涵盖西方文化、儒家文化、南亚文化、伊斯兰文化、俄罗斯文化等在内的多元文化背景。

3　实证研究设计

本章详细说明品牌个性测量词汇筛选的方法和过程，介绍问卷内容设计和外文翻译情况，并对调查数据的收集过程作出具体说明。

3.1　词汇筛选

3.1.1　分析方法

整个词汇筛选过程主要采用文献考察、文本分析、业界座谈、深度访谈、小组讨论、测试调查 6 种定性分析方法，从 2012 年 9 月持续到 2013 年 6 月，历时 10 个月。文献考察指回顾人格特质、品牌个性、国家个性、旅游目的地个性等学术文献中所使用的测量量表，并通过实际游客访谈调查检验文献量表词汇的有效性。文本分析指挖掘整理国外新闻媒体、旅游点评网站、旅游博客中关于中国城市个性感知的词汇信息，并借助中文分词和词频统计软件 "ROST WordParser" 进行统计分析。业界座谈主要讨论问卷内容设计、具体调查方案实施等问题，业界专家包括旅游管理部门市场开发业务负责人、省内知名旅行社入境部负责人、广州白云机场市场部负责人等。深度访谈指调查员与被访者针对特定问题进行开放式的面对面交谈，旨在深入了解被访者对词语意义的具体认知。小组讨论指由若干相关专业人士一起对各类相关词汇进行筛选，根据组员意见的一致程度决定词汇的取舍。测试调查是在词汇测量量表初步确定后，以问卷形式少量发放作为测试的调查。这 6 种方法的使用根据不同阶段的研究需要而开展，有时几种方法会被同时或反复使用（见图 3 – 1），如文献考察、业界访谈贯穿在大部分过程中。

	2012.09—12	2013.01	2013.02	2013.03	2013.04	2013.05	2013.06
文献考察							
文本分析							
业界座谈							
业界访谈							
小组讨论							
测试调查							

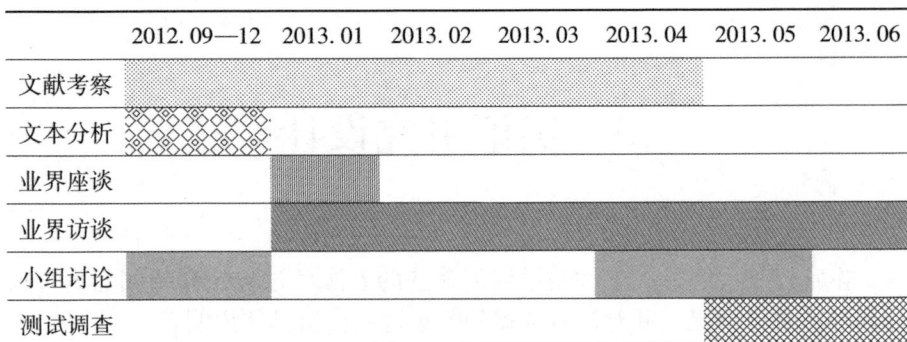

图 3 - 1　词汇筛选过程

3.1.2　分析过程

第一轮：自然语言收集。在实际生活中，描述城市个性的自然语言非常丰富，常以形容词、名词、副词、短语等形态出现，既有一词多义现象，又有一义多词现象。为了获得游客关于中国城市个性的最真实、最原始的描述，首先，本书从公众感知角度收集了人们对中国城市的正面认知。从国外新闻媒体（《华尔街日报》《纽约时报》）、国内外旅游网站（Tripadvisor、蚂蜂窝网、去哪儿网、新浪旅游博客）、中国旅游杂志（《时尚旅游》《中国国家地理》）、中国各地区域旅游规划文本中搜集评价中国热门旅游城市（北京、上海、厦门、桂林、丽江、昆明、广州、深圳、珠海等）的正面形容词，通过文本分析，共计获得词汇 129 个。其次，笔者与另外 3 名中英文水平良好的旅游资深人士一起将这些形容词中意思相似的归为一类，并选用其中使用率较高、意思最单纯的词作为该类的关键词，由此获得 18 个形容词，代表 18 种基本词义，分别为：活力的（energetic）、时尚的（up-to-date）、好客的（hospitable）、文化的（cultural）、悠闲的（leisurely）、务实的（down-to-earth）、美貌的（good-looking）、创意的（innovative）、独特的（unique）、刺激的（exciting）、纯朴的（simple）、神奇的（amazing）、快乐的（happy）、魅力的（glamorous）、异域的（exotic）、优雅的（elegant）、安静的（tranquil）、浪漫的（romantic）。这些词汇原本属于人类特征的描述语，却被用来描述城市的语境，可见用人格特征词汇描述一座城市是一种切实可行的做法。

接下来，为了进一步获得实际游客脑海中关于中国旅游城市的词语联想，本书进行了游客访谈调查。访谈内容基于一份包括两个问题的开放式问卷，首先让入境游客填写一个印象最好的中国城市，然后勾选或自由填写适合用于评价这个城市的形容词。在形容词勾选部分，将上述 18 个形容词设置为多选题，并在题后设置开放式填空栏，让游客自由填写其他更合适的词汇。调查员根据被访者所选和所填，询问他（她）为何选用该词，并将访谈内容记录下来，再译成中文。这项游客访谈工作在广州白云机场国际候机厅进行，从 2013 年 1 月持续到 5 月，每月做 1~2 天，总共与 145 名入境旅客完成了深入访谈。由此获得关于 18 个形容词的 216 条解释，以及 10 多个新增词汇。这一阶段的调研发现，大部分被访者能将人格特征投射到中国城市的语境中，但并非所有人都能联想到很多词汇去比喻一个城市，大部分人只能根据问卷提供的词汇进行勾选。游客头脑中直观联想到用来描述旅游目的地形象的词汇大多不是典型的人格特质词汇，而是如繁忙的（busy）、现代的（modern）、方便的（convenient）、昂贵（expensive）、肮脏（dirty）、不好（poor）等客观描述旅游目的地印象的词汇。但在 18 个基本词语的提示下，大部分人能顺畅地完成选择。其中原因包括以下两方面：首先，用人格特征词汇描述城市个性是一种人格隐喻，需要一定的知识基础和较深的旅游体验；其次，在机场的旅客要搭乘航班，访谈时间并不宽裕，很难有足够时间让游客去发散思维。

第二轮：词汇精选。本书全面梳理人格特质、品牌个性、国家个性、旅游目的地个性等学术文献中所使用的测量量表，从中初步提取出 218 个关于人格特征的词语。为了筛选出适合用于形容中国旅游城市的人格特征词汇，笔者分别组织开展了中国人、外国人小组讨论。首先是中国人小组讨论，2013 年 4 月，笔者以学术沙龙形式，组织精通中英文的暨南大学旅游管理专业硕士生 5 人开展小组讨论，让他们基于问卷形式，对 218 个关于人格特征的英文词汇及其汉语翻译是否适用于形容一个旅游城市进行逐一评价。小组成员以 1~5 分尺度进行打分，1 表示"根本不合适"、2 表示"不合适"、3 表示"中立"、4 表示"合适"、5 表示"非常合适"。删除平均值低于 3 的词汇，由此删掉 74 个形容词，被删词汇有的是反映负面人格特征的，如胆小的（timid）、悲观的（pessimistic）、自卑的（inferior）、反复无常的（inconsistent）等；有的是不适合形容一个地方的，如阿 Q 精神（Ah-Q Mentality）、深谋远虑的（foresight）、情绪性的（emotional）、耐用的（durable）等。

其次，笔者组织了外国人小组讨论，根据外国人小组讨论的结果重新制作问卷量表，并于 2013 年 4 月和 5 月，在广州白云机场国际航班候机厅，组织 12 名以英语为母语的外国游客进行深入讨论，以问卷量表评分与访谈相结合的方式，让他们对词汇量表进行逐一评价。被访者的国籍为澳大利亚、南非、美国、新加坡、印度、巴基斯坦。调查员邀请被访外国人填写一份问卷，问卷内容是"以下词汇是否适合用于形容中国旅游城市？"，让外国人根据问卷列出的 144 个形容词进行逐一评价。为了减轻填写负担，笔者将评分方法改为多选题形式，认为该词适合则打钩，否则打叉。调查员根据被访者的填写结果，询问每个被选词语用于形容一个城市时所代表的具体含义，以及未被选词语不合适的原因。此外，每个被访外国人还提出了其他很有建设性的意见，如意思重复的、意思相近的词语中用哪个更合适、哪些词语完全不适合形容中国的城市等，这是超出研究者预期的。外国人小组讨论非常必要，因为英文词汇的语义只有以英文为母语者才能深刻领会，中国人即使精通英文，对有些近义词的细微差别还是拿捏不准，如在中文里面同样表示"真诚"的"sincere"和"cordial"的区别，同样表示"优雅"的"sophisticated"和"elegant"的区别等。最后，笔者在 5 名旅游部门同事的协助下，根据外国人小组的讨论结果，删除了平均得分为 0 的词语，并根据同义词、近义词辨析，只保留最常用、最适合描述一个城市的词汇，由此删掉 69 个形容词。被删词汇多为表示负面意思的词汇，如不诚实（dishonest）、无情的（callous）等，或不适合描述中国城市的词汇，如女性的（feminine）、上流社会的（upper class）、慷慨的（generous）等。

词汇精选的过程表明，并非所有人格特征词汇都适用于形容特定旅游城市，旅游城市更多地让人联想到积极的人格特质词汇。

第三轮：拟人测试。由于在专家讨论环节发现，人们确实有将一个地方比作一个人的倾向，甚至有的人可以用人的外貌特征对一个地方进行描绘，如提起杭州，就会联想起一个貌若天仙、古装打扮的女子。为了探索人们头脑中是否会因某个城市联想到某个人物的外貌形象，便对 10 名资深旅游爱好者进行了一个小型测试，测试内容基于问卷形式，包括两个问题：首先选择印象最好的中国城市，然后想象"如果将这个城市比作一个人，它会是什么样子"，并设置性别、年龄、受教育水平、社会阶层、婚姻状况、容貌、服装造型 7 个结构性题项供被访者选择。测试结果显示，不少城市的外貌特征差异分歧很大甚至截然相反，例如香港，有人觉得是女性的，有人认为是男性的。大部分被访者认为用外貌特征比喻旅游城市比较牵强，难以作出准确判断。极少数个性很鲜明的城市会让人将其与人物形象联系起来，如杭州会让人联想起"古典美女"、巴黎会让人联想到"贵妇"、罗马会让人联想起"角斗士"，但除此之外的大多数城市都难以直接与人物外貌关联起来。因此，便将描述外貌特征的词汇从量表中剔除。

第四轮：预备调查。2013 年 5 月至 6 月，笔者将上述几轮词汇筛选获得的 75 个形容词作成问卷量表，评价尺度为李克特 5 分制，以广州白云机场外国游客为对象开展预备调查，获得 64 个有效样本，并对比分别进行频数分析和因子分析。删掉频数分析中均值较低的词汇，删掉因子分析中因子载荷低于 0.4 的词汇，共计删除 23 个词语，最终确定 52 个词汇入选正式量表中。词汇文献出处见表 3 - 1。

表 3 - 1　中国旅游城市品牌个性测量词汇的文献出处

测量词汇	人格特质			品牌个性				国家个性		目的地个性						自然语言
	(1)	(2)	(3)	(4)	(5)	(6)	(7)	(8)	(9)	(10)	(11)	(12)	(13)	(14)	(15)	
悠闲的(leisurely)																*
现代的(contemporary)		*		*							*	*	*	*	*	
世界性的(cosmopolitan)							*						*		*	*
随和的(easygoing)					*											*
传统的(traditional)																*
浪漫的(romantic)					*	*										
魅力的(glamorous)				*		*						*				
务实的(down-to-earth)				*						*	*				*	
繁荣的/卓越的(successful)									*	*			*	*	*	
平和的(peaceful)							*									
独特的(unique)				*						*	*		*	*	*	

（续上表）

	人格特质			品牌个性				国家个性		目的地个性						自然语言
	(1)	(2)	(3)	(4)	(5)	(6)	(7)	(8)	(9)	(10)	(11)	(12)	(13)	(14)	(15)	
艺术的（artistic）	*															
独创的（original）				*					*		*	*				
多样的（diverse）													*			
有趣的（amusing）													*			
迷人的（charming）				*		*	*		*	*			*	*	*	
创新的（innovative）					*	*	*							*		
真诚的（sincere）				*		*	*		*			*			*	
优雅的（elegant）						*										
勤劳的（industrious）		*		*		*										
和谐的（harmony）							*									
守纪律的（disciplined）		*			*											
纯朴的（simple）														*		
时尚的（up-to-date）				*		*	*			*	*	*			*	

（续上表）

	人格特质			品牌个性				国家个性		目的地个性						自然语言
	(1)	(2)	(3)	(4)	(5)	(6)	(7)	(8)	(9)	(10)	(11)	(12)	(13)	(14)	(15)	
精力充沛的（energetic）	*				*				*	*		*				
礼貌的（courteous）																
充满生气的（vibrant）	*		*			*				*		*				
冒险的（adventurous）					*											
消费主义的（consumerist）																
独立的（independent）																*
智慧的（intelligent）				*						*						
可靠的（reliable）	*			*	*	*			*	*						
自信的（confident）	*		*	*		*	*		*	*				*		
刺激的（exciting）	*			*					*	*	*	*	*			

（续上表）

	人格特质			品牌个性				国家个性		目的地个性						自然语言
	(1)	(2)	(3)	(4)	(5)	(6)	(7)	(8)	(9)	(10)	(11)	(12)	(13)	(14)	(15)	
谦虚的（modest）	*															*
外向的（extroverted）		*	*													
美貌的（good-looking）				*		*				*	*				*	
善社交的（sociable）	*	*														
乐观的（optimistic）	*	*	*			*									*	
动感的（dynamic）					*								*			
粗犷的（rugged）				*		*			*	*						
大胆的（daring）				*		*			*		*		*			
想象丰富的（imaginative）	*			*						*	*					
适合家庭的（family-orientated）		*		*		*			*							

（续上表）

	人格特质				品牌个性			国家个性		目的地个性						自然语言
	(1)	(2)	(3)	(4)	(5)	(6)	(7)	(8)	(9)	(10)	(11)	(12)	(13)	(14)	(15)	
负责任的（responsible）		*			*	*					*					
户外的（outdoorsy）				*												
坚强的（tough）			*	*								*				
好客的（hospitable）			*	*					*	*			*			
文化的（cultural）						*							*			
惊奇的（amazing）															*	
欢乐的（cheerful）						*	*			*	*			*		
健全的（wholesome）									*					*		

注：①＊表示该词语在该文献中出现。②好客的（hospitable）有的文献用friendly表示；真诚的（sincere）有的文献用cordial表示；现代的（contemporary）有的文献用modern表示；勤劳的（industrious）有的文献用hardworking表示；时尚的（up-to-date）有的文献用trendy表示；精力充沛的（energetic）有的文献用spirited表示。出现同义词或词义近义词的情况，选用意思更单纯、表述更正式的词语。

（1）COSTA P T,Jr,MCCRAE R R. Normal personality assessment in clinical practice：the NEO personality inventory [J]. Psychological assessment,1992（4）：5-13.

（2）范为桥,张妙清,张建新,张树辉. 兼顾文化共通性与特殊性的人格研究：CPAI及其跨文化应用[J]. 心理学报,2011,43

(12):1418 – 1429.

(3) 王叠峰,崔红. 中国人人格量表的信度与效度[J]. 心理学报,2004,36(3):347 – 358.

(4) AAKER J. Dimensions of brand personality[J]. Journal of marketing research,1997,34(3):347 – 356.

(5) MAGGIE G,BERT W & KRISTOF DE WULF. A new measure of brand personality[J]. International journal of research in marketing, 2009,26(2):97 – 107.

(6) 黄胜兵,卢泰宏. 品牌个性维度的本土化研究[J]. 南开管理评论,2003(1):4 – 9.

(7) 何佳讯,丛俊滋. "仁和"与"时新":中国市场中品牌个性评价的关键维度及差异分析——以一个低涉入品类为例[J]. 华东师范大学学报(哲学社会科学版),2008,40(5):82 – 89,102.

(8) D'ASTOUS A & BOUJBEL L. Positioning countries on personality dimensions:scale development and implications for country market-ing[J]. Journal of business research,2007(60):231 – 239.

(9) YUKSEL E & SAMEER H. Destination personality:an application of brand personality to tourism destinations[J]. Journal of travel research,2006,45(2):127 – 139.

(10) AHMET U & SEYHMUS B. Brand personality of tourist destinations:an application of self-congruity theory[J]. Tourism manage-ment,2011,32(1):114 – 127.

(11) CHING-FU C & SAMBATH P. A closer look at destination:image,personality,relationship and loyalty[J]. Tourism management, 2013(36):269 – 278.

(12) SAFAK S & SEYHMUS B. Brand personality and destination image of istanbul[J]. Anatolia:an international journal of tourism and hospitality research,2011,22(1):69 – 88.

(13) 尹大焕. 使用 BPS 的观光目的地品牌评价尺度开发:以都市品牌为对象[J]. 观光学研究,2009,33(6):261 – 279.

이태환. BPS를 이용한관광목지도지브랜드의평가도의개발:도시브랜드를대상으로[J]. 관광학연구,2009,33(6):261 – 279.

(14) 全哲源,李泰淑. 观光目的地的品牌个性测量尺度的作用:以庆州和济州地区为对象[J]. 观光学研究,2010,34(8):191 – 209.

김철원,이태수.관광목지도지의브랜드개성척도의목적:경주와제주지역대상[J].관광학연구,2010,34(8):191 – 209.

(15) 曲颖,李天元. 旅游目的地的非功用性定位研究——以目的地品牌个性为分析指标[J]. 旅游学刊,2012,27(9):17 – 25.

3.2　问卷设计

正式调查问卷的内容包括如表3－2所示的五部分：第一部分是旅游行为特征，包括出行动机、旅行次数、旅行方式、行程安排、旅行天数、体验活动、游览景点等；第二部分为旅游形象认知，包括正面形象和负面形象；第三部分为旅游总体评价，包括总印象、总满意度、重游意愿；第四部分为中国旅游城市品牌个性评价，包括18个备选印象最佳城市，以及由52个个性词汇组成的评价量表；第五部分为人口统计特征，包括性别、年龄、学历、职业、家庭年收入、婚姻状况、国籍等。

表3－2　问卷内容与测量标尺

部分	类别	变量名称	标尺
第一部分	旅游行为特征	出行动机	（1）观光游览（2）休闲度假（3）探亲访友（4）商务/公务/会议（5）教育培训（6）文化体育科技交流（7）健康医疗（8）宗教朝拜（9）转机/换乘（10）其他
		旅行次数	开放式自填
		旅行方式	（1）旅行社参团（2）公司/社团组织（3）自助游
		行程安排	封闭式与开放式相结合（1）只有广东（2）其他地方
		旅行天数	开放式自填
		体验活动	（1）自然生态景点（2）历史文化遗迹（3）海滨休闲（4）乡村旅游（5）主题乐园（6）城市观光（7）美食（8）温泉（9）参观展馆（10）购物（11）高尔夫（12）漂流（13）夜间娱乐（14）观看演出（15）按摩/美容美体（16）游船/游艇（17）户外体育运动（18）节事庆典
		游览景点	列举广东省内主要旅游城市及景点

（续上表）

部分	类别	变量名称	标尺
第二部分	旅游形象认知	正面形象	（1）气候宜人（2）环境舒适（3）有历史文化底蕴（4）食物好吃（5）住宿设施好（6）休闲娱乐活动丰富（7）景点有吸引力（8）物美价廉（9）干净卫生（10）交通便捷（11）其他
		负面形象	（1）语言沟通困难（2）旅游资讯缺乏（3）旅游从业者服务态度不好（4）环境污染（5）公共卫生差（6）市区公众交通不便（7）指示牌不明（8）出入境手续不便捷（9）机场旅游服务设施不完善（10）其他
第三部分	旅游总体评价	总印象	1~5分，分别表示"很差""比较差""一般""比较好""非常好"
		总满意度	1~5分，分别表示"很不满意""不太满意""一般""比较满意""很满意"
		重游意愿	1~5分，分别表示"非常不想""不太想""一般""比较想""非常想"
第四部分	中国旅游城市品牌个性评价	备选印象最佳城市	（1）广州（2）深圳（3）东莞（4）佛山（5）珠海（6）中山（7）香港（8）澳门（9）北京（10）上海（11）天津（12）杭州（13）厦门（14）桂林（15）西安（16）三亚（17）昆明（18）成都（19）其他
		个性词汇评价量表	1~5分，分别表示"非常不合适""不太合适""中立""比较合适""非常合适"

（续上表）

部分	类别	变量名称	标尺
第五部分	人口统计特征	性别	（1）男（2）女
		年龄	（1）15～24 岁（2）25～34 岁（3）35～44 岁（4）45～54 岁（5）55～64 岁（6）65 岁以上
		学历	（1）高中及以下（2）大学毕业（3）硕士及以上
		职业	（1）公务员/政府雇员/军警（2）企业家/公司高管（3）专业人士教师/医生/律师等（4）私营业主/个体户（5）技术人员/科研人员（6）文员/技工（7）销售/服务人员（8）自由职业者（9）农民（10）离退休者（11）学生（12）家庭主妇（13）其他
		家庭年收入	（1）5 000 美元以下（2）5 001～10 000 美元（3）10 001～30 000 美元（4）30 001～50 000 美元（5）50 001～100 000 美元（6）100 000 万美元以上
		婚姻状况	（1）单身（2）已婚（3）其他
		国籍	开放式自填

3.3　问卷翻译

旅粤入境游客的国别构成比较多元，主要有日本、韩国、东南亚、西欧、北美、大洋洲、俄罗斯等国家和地区，为了方便更多来自不同国家及地区的游客填写问卷，问卷设计了英文、日文、韩文、俄文、阿拉伯文、繁体中文、简体中文 7 种语言版本。问卷委托专业翻译公司进行翻译，以精通外文的中国人主译、外国人检修的方式进行，并在 2013 年 1—6 月的游客访谈和预备调查期间，根据被访外国人对问卷内容所提的意见，修改了一些翻译不当的地方。

3.4　语境净化

为了尽量减少因物理语境变化而对问卷填写内容造成的不必要影响，在问卷设计和发放过程中进行了统一的规范处理，由此起到了语境净化的目的，规范工作主要包括以下两个方面：

一是调查员言行举止。调查员与被访者的直接接触，是构成影响问卷填写物理语境的重要因素，因此，不仅事先对调查员进行了外语培训和礼仪指导，并对调查员服装和言行作了如下规定：①衣着朴素端庄；②统一佩戴机场专用工作证；③保持不卑不亢的中立态度；④邀请被访者填写问卷的用语有统一范本。

二是被访者语言能力。为了避免因被访者语言能力而对问卷内容理解造成影响，被访者被要求填写母语版问卷，其中，个性词汇量表部分均以双语形式出现（英文问卷除外），辅助被访者对语义进行正确理解。

3.5　数据收集

3.5.1　调查地点

调查地点为广州白云机场国际航班候机厅，选择在这里调查的原因是：航空是入境游客到达中国的首选交通工具。位于广州的白云机场不仅是海外旅客出入广东的交通枢纽，占据了广东省八成以上的国际航班客流量，而且是客运吞吐量仅次于北京首都机场的全国第二大国际机场，2013

年广州白云机场的国际航班量为 7.6 万架次，国际旅客量为 955 万人次。以白云机场为抽样地点，能够准确地反映中国入境游客的情况。

3.5.2 调查对象

调查对象为刚结束在中国旅行，并即将在广州白云机场乘飞机离开中国境内的海外居民。为了确保调查数据能真实、客观地反映入境游客情况，在实际抽样过程中，对调查对象的具体技术性规定如下：

①15 岁以上者；

②外国人、港澳台同胞、海外华侨华人；

③在华逗留时间 12 小时以上者，不包括只在广州白云机场内短暂停留、无任何在中国旅游经历的转机旅客；

④不包括外籍航空乘务人员、僧人。

3.5.3 调查方法

调查采用现场随机抽样的方法。调查员向在登机区候机的入境游客提出填写问卷的邀请，如遭拒绝，则继续邀请下一位。对完成问卷填写者，赠送旅游纪念品一份。为提高问卷有效率，调查员对回收问卷当场进行审核，若发现漏填或明显的逻辑谬误，则尽量找回被访者进行补填或修改。

3.5.4 调查时间

抽样过程跨越两年，历时 16 个月，每月抽样 1～3 天，总共抽样 34 天。为了增加样本的全面性，避免个别月份因广交会或重大传统节日客流量激增对样本结构造成的影响，抽样时间历时较长，覆盖不同月份，周一至周日均有调查，详见表 3 - 3。

表 3 - 3   问卷抽样时间分布

	星期一	星期二	星期三	星期四	星期五	星期六	星期日
2013. 6				6. 13	6. 14		
2013. 7			7. 10	7. 11			
2013. 8			8. 7	8. 8			
2013. 9						9. 27	9. 28

（续上表）

	星期一	星期二	星期三	星期四	星期五	星期六	星期日
2013. 10	10. 14	10. 15	10. 16				
2013. 11			11. 6	11. 7	11. 8		
2013. 12			12. 4	12. 5	12. 6		
2014. 1				1. 16	1. 17		
2014. 2			2. 26	2. 27			
2014. 4				4. 24	4. 25		
2014. 7						7. 26	7. 27
2014. 8						8. 2	8. 3
2014. 9	9. 1	9. 2					
2014. 10			10. 29	10. 30			
2014. 11					11. 28		
2014. 12				12. 18	12. 19		

3.5.5　调查人员

调查人员由事先经过外语口语和礼仪培训的在校本科生及研究生组成，每次调查 4~6 人。

3.5.6　问卷数量

现场回收问卷共计 4 725 份，其中，测量量表全部填完并且是有诚意填写的有效样本为 1 276 份，问卷有效应答率仅为 27%。应答率较低，除了有 52 个形容词的量表内容较多，给被访者带来一定负担而导致其不乐意填写等主观意愿外，还反映了两个非常重要的客观因素：第一，并非所有人都能在城市与人格特质之间产生联想，在头脑中构建城市的人格隐喻需要被访者具有一定的知识能力和感悟能力。即使面对现成的词汇，有的游客仍会出现不知如何评价的情况。被访者要建立城市与人格的关联，需要对城市有一定深度的认识，并对形容词有丰富的想象能力。通过人口统计特征和填写与否的交叉分析发现，年轻人、高学历者的应答率相对较高。

第二，并非所有人都认为中国城市具有突出的个性，通过询问部分未完成城市个性测试的被访者发现，有些入境游客认为中国城市普遍不具有鲜明特色，因此难以对品牌个性词汇进行深度测评，此外，对某个城市印象较好不等同于认同其特色鲜明。

在有效问卷中，各语种的分布情况如表3－4所示：英文问卷数量最多，共524份，占41.1%；其次是韩文问卷，共305份，占23.9%；再次是中文和日文问卷，分别有227份和184份，占17.8%和14.4%；而俄文和阿拉伯文问卷数量较少。这一方面是因为使用俄语和阿拉伯语的游客人数较少，另一方面与不同语言文化圈对问卷调查形式的主观成见有一定关系。来自发达民主国家的游客，如欧美、日韩等国家，由于经常参与投票选举、公众意见征询之类的民意活动，比较熟悉这种意见表达的方式，因此对问卷调查的参与意愿较高。而来自欠发达地区的其他政体国家的游客，如来自俄罗斯、中东及非洲国家等地的游客，往往表现出对问卷调查性质的怀疑和对调查人员身份的不信，以致参与问卷调查的意愿较低。此外，小语种问卷数量小于实际被访的使用该语言国家的人数。例如，韩文问卷、日文问卷、俄文问卷数量少于这些国家的实际被访人数，这是因为他们之中有一部分使用了英文问卷作答。

表3－4　问卷语种数量分布

	英文	韩文	中文	日文	俄文	阿拉伯文
数量（份）	524	305	227	184	29	7
比例（%）	41.1	23.9	17.8	14.4	2.3	0.5

3.6　本章小结

词汇筛选是品牌个性研究的重中之重。因为词汇选取是特质研究理论根基的具体表现，第2章中关于品牌个性研究的学术争议点大部分表现在测量词语的滥用上，很多研究的逻辑谬误通过分析用于实际测量的选词就能比较直观地发现。为此，本书采用 Azoulay & Kapferer（2003）和王保利（2009）对品牌个性更为严谨的定义，执行了严格的词汇筛选过程，得到了适用于入境游客评价中国旅游城市的相关个性词汇，并且深入了解了每个词汇在隐喻认知过程中所表示的具体意义，最后通过长时间跨度、大样本量的入境游客抽样调查，获得第一手数据。通过本章研究得出对下一阶段的数据分析和综合讨论有益的以下结论：

尽管有学者指出品牌个性的现有研究只局限于测量正面特征，缺乏对负面特征的了解（Bosnjak et al.，2007；崔昌原，2010），但本书通过前期定性研究及少量样本调查结果发现，游客对城市品牌个性的感知以正面的感受占主导。因为旅游是以追求身心愉悦为主要目的的，能让人感受到快乐、幸福、满意、充实的活动，是一种积极的主观体验，代表一种积极的价值取向。当提及一个旅游地时，人们头脑中所联想的更多的是积极的人格特质，如真诚、乐观、快乐、热情等。随着社会经济的发展和人民生活水平的提高，旅游已不仅是单纯的游山玩水，而且是承担着精神治疗、文化认同、人际交流等社会功能的幸福导向型活动。尤其是当现实生活中的负面能量使人产生职业倦怠、情绪低落、精神焦虑等心理问题时，人们更需要通过旅游获得憧憬美好生活的正能量。由此可见，旅游目的地品牌个性更多地属于积极心理认知的范畴。因此，本书在正式问卷调查阶段所使用的测量量表均为正面词汇。

正式问卷发放过程中出现问卷应答率较低的情况，突出反映了个性特质认知的特点，即并非所有人都能对特定隐喻建立跨域映射，这与个人的学识修养和对目标域的认知深度有关。相比老年人、低学历者而言，年轻人接受新鲜事物的能力较强，高学历者知识储备较为丰富，因此，他们更能够在头脑中顺利建立人格特质与城市之间的映射。

虽然有研究者（唐小飞等，2011；高静，焦勇兵，2014）已经意识到语境复杂对正确理解词义造成的困难，进而效仿人格测量量表设计，将一般是以单个形容词形式出现的测量题项改为一个完整的语句，从而限定了词语的语境。例如，"亲切"一词被表述为"在这里能感受到旅游地人的亲切"，"时尚"一词被指为"景区开发体现时代潮流"。但是这种语境限定的做法明显压制了人们对词义的丰富联想，因为词义往往是由很多不同的情境共同构建起来的，不同的被访者对于同一个词语可能有不同的感知情境，以统一的语句限定语境，可能会导致本来对该词在其他方面的语境有强烈感知的，却因语句所限而不能正确勾选的情况。因此，本书所用的正式调查问卷词汇量表以单个词语的形式出现。同时，为了克服品牌个性先行研究对语境缺乏解释的不足，本书通过运用文献考察、文本分析、深度访谈、小组讨论、测试调查等多种定性分析方法，收集并初步建立了入境游客评价中国城市个性的自然语料库，证实了词语在跨域映射过程中的语义变化，反映了语境对词义理解的重要影响，这点将在第 5 章作详细阐述。

4 数据分析

本章基于问卷调查的样本数据，利用一般描述性分析、探索性因子分析、验证性因子分析、信效度分析、线性回归分析、单因素方差分析等方法，描述样本的人口统计特征和旅游行为特征，构建中国旅游城市品牌个性感知因子框架，检验其信度和效度，并比较不同区域群体、不同城市之间的个性感知差异。

4.1 样本特征分析

4.1.1 客源地构成

被访者客源地构成如表 4-1 所示，被访者来自全世界 64 个国家和地区，其中，约 80% 的被访者来自韩国、日本、中国台湾、美国、马来西亚、新加坡、印尼、澳大利亚、印度、俄罗斯这 10 个国家和地区，其余 20% 的样本则零散分布在其他 54 个国家和地区之中。

表 4-1 被访者客源地构成

序号	国家及地区	样本数量	序号	国家及地区	样本数量
1	韩国	317	33	尼泊尔	3
2	日本	192	34	瑞典	3
3	中国台湾	126	35	土耳其	3
4	美国	72	36	阿联酋	2
5	马来西亚	71	37	白俄罗斯	2
6	新加坡	69	38	丹麦	2

（续上表）

序号	国家及地区	样本数量	序号	国家及地区	样本数量
7	印度尼西亚	50	39	科威特	2
8	澳大利亚	41	40	苏丹	2
9	印度	36	41	伊朗	2
10	俄罗斯	35	42	阿根廷	1
11	加拿大	28	43	奥地利	1
12	泰国	24	44	巴巴多斯	1
13	英国	22	45	巴西	1
14	巴基斯坦	19	46	波兰	1
15	越南	19	47	斐济	1
16	法国	13	48	芬兰	1
17	德国	11	49	哈萨克	1
18	沙特阿拉伯	10	50	捷克	1
19	中国香港	8	51	肯尼亚	1
20	新西兰	8	52	老挝	1
21	缅甸	7	53	立陶宛	1
22	南非	7	54	列支敦士登	1
23	比利时	5	55	马达加斯加	1
24	菲律宾	5	56	孟加拉	1
25	荷兰	5	57	秘鲁	1
26	埃及	4	58	尼日利亚	1
27	柬埔寨	4	59	挪威	1
28	墨西哥	4	60	瑞士	1
29	斯里兰卡	4	61	斯洛伐克	1
30	乌克兰	4	62	也门	1
31	西班牙	4	63	意大利	1
32	以色列	4	64	约旦	1

样本客源地构成与广东入境游客实际客源地构成的对比情况如表 4-2 所示。按五大洲客源地构成来看，77.7% 的被访者来自亚洲，主要包括韩国、日本、中国台湾、马来西亚、新加坡等地；来自欧洲的占 9.0%，主要包括俄罗斯、英国、法国和德国等地；来自美洲的占 8.5%，主要包括美国和加拿大；而大洋洲和非洲的游客较少，所占比例分别只有 3.9% 和 0.9%。被访者客源地分布接近广东外国游客实际构成，可见本样本数据对于说明广东外国游客的情况具有较高代表性。

表 4-2 样本客源地构成与广东入境游客实际客源地构成对比

	样本构成（%）	实际构成（%）①
亚洲	77.7	69.3
欧洲	9.0	10.9
美洲	8.5	11.4
大洋洲	3.9	4.4
非洲	0.9	3.9

4.1.2 文化区划分

根据周宁（2010）对世界八大文化区的划分以及本研究样本的区域分布情况，笔者细分出儒家文化区、西方文化区、东南亚文化区、伊斯兰文化区、南亚文化区、俄罗斯文化区 6 个区域（拉丁文化区和非洲文化区因样本量太少，暂不纳入）。在本调查中，来自儒家文化区的游客最多，占 56.9%；其次是西方文化区，占 18.1%；再次是东南亚文化区，占 14.5%，其余依次为伊斯兰文化区（3.8%）、南亚文化区（3.5%）、俄罗斯文化区（3.3%）。各区的文化特征、代表国家及地区和在本调查中所占的比重详见表 4-3。

---

① 广东入境游客实际客源地构成数据根据 2013 年广东口岸出入境人数统计而成，不包括港澳入境者。由于广东毗邻香港、澳门，港澳居民入境广东人数占广东入境总人数的比例超过 90%，而且其中大部分属于日常生活往来，而非旅游往来，因此港澳入境者不纳入统计。

表 4 - 3　世界六大文化区

区域	文化特征	代表国家及地区	频数和比例
儒家文化区	历史上属于东亚汉字圈、现代成功实现"西方现代化"	中国香港、中国澳门、中国台湾、日本、韩国、新加坡	712 56.9%
西方文化区	具有所谓资本主义经济、代议制民主政治、基督教信仰和启蒙哲学三大文化特征	欧盟国家（英国、法国、德国等）、美国、加拿大、澳大利亚、新西兰	227 18.1%
东南亚文化区	叠加着华夏文化、印度文化、伊斯兰文化与西方现代文化，地理一体性多于文化一体性，曾为西方殖民地，西方价值体系认可度高	马来西亚、泰国、印尼、菲律宾、越南、缅甸、柬埔寨、老挝	181 14.5%
伊斯兰文化区	地处中东、北非，信仰伊斯兰教，具有阿拉伯—波斯文化传统	沙特阿拉伯、阿联酋、埃及、巴基斯坦、摩洛哥、科威特、苏丹、伊朗、以色列	47 3.8%
南亚文化区	受印度文化影响、信仰多元、政治民主、经济发展	印度、斯里兰卡、尼泊尔、孟加拉	44 3.5%
俄罗斯文化区	地跨欧亚大陆、具有欧亚主义传统与东正教文化以及社会主义历史的特征	俄罗斯、乌克兰、白俄罗斯	41 3.3%

4.1.3　人口统计特征

被访者人口统计特征如表 4 - 4 所示。被访者之中，男性占大部分，比例高达 78.7%，女性所占比例仅为 21.3%。年龄段集中在 25 ~ 54 岁，占 77.8%，其中，25 ~ 34 岁者比例最高，占 30.6%；而 15 ~ 24 岁青少年和 55 岁以上老年人所占比例分别只有 10.4%、11.8%。受教育水平普遍较高，大学以上学历者占 85.8%，其中，具有硕士以上学历者占 24.1%。从事职业以企业家及公司高管（22.0%）、技术科研人员（18.9%）、私营业主及个体商人（13.2%）、专业人士（11.4%）、销售及服务人员（10.1%）、学生（8.4%）等为主，其他职业如农民、离退休者、家庭主妇、政府雇员、自由职业者、文员及技工等所占的比例很小。家庭年收入水平以 3 万美元以上者居多，合计比例为 64.1%。按世界银行对各国贫富的划分标准①，在 13 405 ~ 40 779 美元之间为中等偏上收入国家，高于 40 779 美元的为高收入国家，可见，大部分被访者属于中高收入水平。从婚姻状况来看，已婚者占大多数，比例为 60.3%，单身者占 37.2%。

表 4-4 被访者人口统计特征

类别	题项	频数（个）	比例（%）
性别	男	993	78.7
	女	268	21.3
年龄	15 ~ 24 岁	133	10.4
	25 ~ 34 岁	390	30.6
	35 ~ 44 岁	343	26.9
	45 ~ 54 岁	258	20.3
	55 ~ 64 岁	122	9.6
	65 岁以上	28	2.2
学历	高中及以下	174	14.2
	大学毕业	757	61.7
	硕士及以上	295	24.1
职业	企业家/公司高管	277	22.0
	技术人员/科研人员	238	18.9
	私营业主/个体户	166	13.2
	教师医生律师等专业人士	143	11.4
	销售/服务人员	127	10.1
	学生	105	8.4
	文员/技工	53	4.2
	自由职业者	47	3.7
	公务员/政府雇员/军警	41	3.3
	家庭主妇	23	1.8
	离退休者	15	1.2
	农民	2	0.2
	其他	20	1.6

① 世界银行. 人均国民总收入报告, 2013. [EB/OL]. [2014 - 03 - 30]. http://www.worldbank.org.cn.

（续上表）

类别	题项	频数（个）	比例（%）
家庭年收入	5 000 美元以下	109	9.4
	5 001～10 000 美元	150	12.9
	10 001～30 000 美元	158	13.6
	30 001～50 000 美元	210	18.1
	50 001～100 000 美元	337	29.0
	100 000 美元以上	197	17.0
婚姻	单身	469	37.2
	已婚	761	60.3
	其他（离异、鳏寡等）	31	2.5

注：以上各类型的统计频数存在遗漏值，合计样本数量或与有效样本数量有所出入。

4.1.4　旅游行为特征

被访者旅游消费行为特征如表4－5所示。大部分被访者因商务目的到广东，商务公务会议动机者占61.1%；其次是观光度假者，占16.9%；再次是到广东转机换乘者，占9.2%；还有8.4%的被访者属于探亲访友者。其他目的如教育培训、文化体育科技交流、宗教朝拜等所占比例极小。56.3%的被访者选择自助游，还有8.5%的被访者以提前订好酒店和机票的半自助游方式出行，可见，自助游客已成为入境游客市场的主体。此外，通过公司或社团组织出行者占29.5%，通过旅行社参团者只占5.6%。71%的被访者的行程仅安排在广东省内，即以广东作为唯一的旅游目的地，而29.0%的被访者的行程还包括国内其他地方。大部分被访者具有多次来广东旅行的经验，只有34.6%的被访者是初次到广东。被访者在中国的逗留时间大多集中在2周以内，1～3天、4～6天、7～14天的比例分别为21.2%、29.2%、26.1%，对在华逗留天数30日以内的样本进行计算，被访者人均在华逗留时间为8.4天。

表 4 - 5 被访者旅游消费行为特征

类别	题项	频数（个）	比例（%）
旅行动机	商务公务会议	780	61.1
	观光游览	216	16.9
	转机/换乘	118	9.2
	探亲访友	107	8.4
	教育培训	35	2.7
	文化体育科技交流	7	0.5
	宗教朝拜	2	0.2
	其他	11	0.9
旅行方式	自助游	777	64.9
	公司/社团组织	102	29.5
	旅行社参团	67	5.6
行程安排	只去广东	898	71.0
	还去其他地方	367	29.0
来粤次数	第1次	431	34.6
	2~3次	347	27.9
	4~5次	149	12.0
	6次以上	318	25.5
逗留时间	1~3天	262	21.2
	4~6天	360	29.2
	7~14天	322	26.1
	15~30天	174	14.1
	31天以上	115	9.3

注：以上各类型的统计频数存在遗漏值，合计样本数量或与有效样本数量有所出入。

4.2 印象最佳城市评价

问卷列举的18个中国热门旅游城市是根据预备调查中旅粤入境游客对中国城市的到访频数而定的，这也代表了旅粤入境游客最热衷前往的前18

个中国旅游城市。被访者认为印象最好的中国城市如表 4 - 6 所示，第 1 位是广州，好评率达 52.6%；其次依次为香港、上海、深圳、北京等城市。问卷中还设置了开放式题项，由游客自行填写该 18 个城市之外其他中意的城市。其他获赞城市包括大连、南京、苏州、武汉、长沙、贵阳、惠州、青岛等 30 多个城市。由此，合计得到约 50 个印象最佳城市。下节中关于中国旅游城市品牌个性维度构成的定量分析是基于被访者对全国约 50 个城市的感知评价进行的。

表 4 - 6　印象最佳城市评价

城市	频数（个）	比例（%）	城市	频数（个）	比例（%）
广州	659	52.6	厦门	26	2.1
香港	149	11.9	杭州	24	1.9
上海	139	11.1	昆明	22	1.8
深圳	87	6.9	中山	21	1.7
北京	83	6.6	西安	16	1.3
东莞	47	3.7	三亚	9	0.7
澳门	47	3.7	天津	7	0.6
佛山	36	2.9	成都	6	0.5
珠海	28	2.2	其他	55	4.4
桂林	28	2.2			

4.3　词汇描述性分析

受测题项的描述性分析结果如表 4 - 7 所示。平均值表示数值的平均水平，数值越大，表示游客对该题项的感知越强烈。均值介于 3.00 到 3.77 之间。均值最大的前十题项依次是繁荣的、精力充沛的、现代的、充满生气的、文化的、世界性的、勤劳的、动感的、消费主义的、乐观的，均值超过 3.50。而均值最低的题项从低到高依次是浪漫的、守纪律的、谦虚的、优雅的、礼貌的、纯朴的，均值小于3.20。这说明中国热门旅游城市给入境游客的主要印象是繁荣、活力、现代、文化、消费主义、乐观等，而浪漫、守纪、谦虚、优雅、礼貌等气质相对比较缺乏。

标准差表示数值分布的平均离散程度，反映了被访者对受测词汇评价的意见分歧情况，标准差越大，说明被访者意见分歧越大。除了"守纪律的"的标准差超过1之外，其余题项的标准差均在0.821到0.995之间，说明数值之间的离散程度不大。"守纪律的"的标准差较大，且峰度为负值，说明该词存在较大的语义分歧。因为在游客的实际感知中，有些人看到中国城市的秩序良好，有些人却看到部分中国人闯红绿灯、不排队等不守纪律的情况。

偏度和峰度用于判断变量取值分布是否符合正态分布，偏度表示对称性，峰度表示陡缓程度，偏度和峰度为0，表示数值分布形态与正态分布相同。受测题项的偏度介于-0.360到0.068之间，绝大部分为负值，说明题项数值分布呈左偏。峰度介于-0.511到0.329之间，绝大部分为负值，说明题项数值分布比正态分布要平缓。具体反映到问卷填写情况来说，就是勾选"5（非常合适）"和"4（比较合适）"等正面评价者相对较多，这说明旅游城市能让人更多地联想到积极的价值取向。总体而言，偏度和峰度均接近0，可认为题项是符合正态分布的，并可以进行计量建模。

表4-7 受测题项的描述性分析

词汇	最小值	最大值	平均值	标准差	偏度	峰度
繁荣的（successful）	1	5	3.77	0.856	-0.360	-0.157
精力充沛的（energetic）	1	5	3.63	0.878	-0.183	-0.395
现代的（contemporary）	1	5	3.62	0.862	-0.227	-0.295
充满生气的（vibrant）	1	5	3.62	0.895	-0.260	-0.252
文化的（cultural）	1	5	3.58	0.917	-0.286	-0.182
世界性的（cosmopolitan）	1	5	3.57	0.957	-0.272	-0.424
勤劳的（industrious）	1	5	3.57	0.943	-0.260	-0.272
动感的（dynamic）	1	5	3.57	0.872	-0.087	-0.360
消费主义的（consumerist）	1	5	3.53	0.901	-0.137	-0.279

（续上表）

词汇	最小值	最大值	平均值	标准差	偏度	峰度
乐观的（optimistic）	1	5	3.53	0.822	-0.189	0.026
自信的（confident）	1	5	3.49	0.821	-0.052	-0.110
惊奇的（amazing）	1	5	3.49	0.896	-0.091	-0.250
欢乐的（cheerful）	1	5	3.49	0.858	-0.182	0.046
独特的（unique）	1	5	3.47	0.919	-0.158	-0.262
多样的（diverse）	1	5	3.47	0.912	-0.153	-0.231
有趣的（amusing）	1	5	3.46	0.902	-0.202	-0.164
悠闲的（leisurely）	1	5	3.45	0.910	-0.329	-0.003
独立的（independent）	1	5	3.44	0.829	0.068	-0.069
兴奋的（exciting）	1	5	3.44	0.913	-0.103	-0.296
美貌的（good-looking）	1	5	3.43	0.948	-0.194	-0.263
传统的（traditional）	1	5	3.41	0.949	-0.219	-0.334
迷人的（charming）	1	6	3.40	0.920	-0.183	-0.252
平和的（peaceful）	1	5	3.39	0.987	-0.338	-0.176
时尚的（up-to-date）	1	5	3.39	0.987	-0.187	-0.389
善社交的（sociable）	1	5	3.39	0.887	-0.203	-0.108
好客的（hospitable）	1	5	3.39	0.898	-0.178	-0.063
创新的（innovative）	1	5	3.38	0.925	-0.082	-0.314
随和的（easygoing）	1	5	3.37	0.928	-0.208	-0.218
智慧的（intelligent）	1	5	3.36	0.867	-0.052	-0.066
健全的（wholesome）	1	5	3.36	0.902	-0.200	0.077
务实的（down-to-earth）	1	5	3.35	0.851	-0.285	0.329
外向的（extroverted）	1	5	3.34	0.865	-0.072	0.030
想象丰富的（imaginative）	1	5	3.34	0.884	-0.092	-0.133
冒险的（adventurous）	1	5	3.33	0.871	0.039	-0.084
魅力的（glamorous）	1	5	3.31	0.973	-0.122	-0.395

（续上表）

词汇	最小值	最大值	平均值	标准差	偏度	峰度
独创的（original）	1	5	3.31	0.962	−0.047	−0.296
大胆的（daring）	1	5	3.31	0.866	−0.018	0.076
适合家庭的（family-oriented）	1	5	3.29	0.980	−0.190	−0.247
和谐的（harmony）	1	5	3.27	0.887	−0.144	0.030
坚强的（tough）	1	5	3.27	0.840	−0.065	0.288
艺术的（artistic）	1	5	3.24	0.949	−0.065	−0.271
户外的（outdoorsy）	1	5	3.24	0.919	−0.070	−0.051
粗犷的（rugged）	1	5	3.22	0.866	−0.025	0.124
尽职尽责的（responsible）	1	5	3.22	0.897	−0.050	−0.056
可靠的（reliable）	1	5	3.21	0.909	−0.136	−0.087
真诚的（sincere）	1	5	3.20	0.913	−0.110	−0.104
纯朴的（simple）	1	5	3.15	0.944	−0.044	−0.144
礼貌的（courteous）	1	5	3.13	0.972	−0.186	−0.179
优雅的（elegant）	1	5	3.12	0.937	0.002	−0.199
谦虚的（modest）	1	5	3.11	0.914	−0.006	−0.085
守纪律的（disciplined）	1	5	3.09	1.046	−0.098	−0.511
浪漫的（romantic）	1	5	3.00	0.995	−0.015	−0.465

4.4　探索性因子分析

　　由于在调查设计阶段所确定的测试词汇数量较多，共52个形容词，相比一般问卷量表的题项数量要多，因此词汇筛选是数据处理的第一步和重点、难点。测试词汇的筛选和归纳，目的在于提炼中国旅游城市品牌个性的共性。为了提炼词汇量表的主干成分，通常使用因子分析、信度分析、结构方程模型3种方法共同完成。因子分析是根据题项之间的相关性将数量众多的题项分解成对整个量表具有良好解释力的若干因子的过程。信度分析通过测验内部题项之间的关系，检验量表反复测量所得结果的一致性程度，以信度系数大小来评价量表的稳定性或可靠性。结构方程模型用于验证探索性因子分析所得到的因子结构与假设的理论框架的数据拟合程度。借助上述分析方法进行词汇筛选遵循以下两个基本原则：

（1）变量删除必须有理论依据；

（2）变量删除不能影响整个量表的主干意思。

删除题项的具体处理方法遵循以下准则：

（1）因子载荷小于0.4者；

（2）一个变量构成一个因子者，一个因子包含的变量数不应少于3个；

（3）因子载荷高于0.4但低于0.6，且该变量在其他因子上的载荷高于0.35者；

（4）在信度分析中，变量与所在因子的相关系数（item-total correlation）应在0.4以上，各因子的信度系数 α 值应在0.5以上，整个量表的 α 值应在0.7以上；

（5）在结构方程模型分析中，根据结果输出的修正指数（modification indices），残差较大者。

表4-8显示了根据上述执行标准提炼因子的过程，从52个题项9个因子的初始结构最终筛选成为25个题项6个因子的稳定结构。从3个步骤来看，构成各因子主干意义的核心词汇的因子载荷值大都超过0.5，且大多数在精简过程中逐渐增大，说明这些因子的内在一致性相应地得到了提高。最终的累计方差贡献率为58.123%，高于第1步和第2步的，说明精简后的量表对量表整体具有更好的解释力。KMO值均超过0.9，并通过Bartlett球形检验，说明非常适合进行因子分析。词汇被筛除的原因主要是它与其他词汇存在较大的多重共线性，即有语义重叠，例如，"美貌"与"善社交"，"消费主义的"与"现代""繁荣"，"传统"与"文化"，"户外"与"粗犷"等。经历三次因子筛选仍得到相同的因子结构，充分证明该因子结构具有较高的稳定性。

表4-8 探索性因子分析过程

因子	题项	第1步	第2步	第3步
因子1	动感的（dynamic）	0.658	0.652	0.704
	充满生气的（vibrant）	0.653	0.731	0.685
	乐观的（optimistic）	0.546	0.527	0.624
	善社交的（sociable）	0.581	0.514	0.599
	冒险的（adventurous）	0.553	0.542	0.567
	兴奋的（exciting）	0.587	0.526	0.524
	精力充沛的（energetic）	0.557	0.676	
	外向的（extroverted）	0.542		
	自信的（confident）	0.494		
	消费主义的（consumerist）	0.453		
	有趣的（amusing）	0.424		
	独立的（independent）	0.368		
	想象丰富的（imaginative）	0.346		
因子2	真诚的（sincere）	0.629		
	礼貌的（courteous）	0.663		
	尽职尽责的（responsible）	0.640	0.639	
	可靠的（reliable）	0.645	0.669	
	和谐的（harmony）	0.620	0.694	
	守纪律的（disciplined）	0.637	0.622	
	谦虚的（modest）	0.637	0.631	0.719
	纯朴的（simple）	0.564	0.625	0.692
	适合家庭的（family-oriented）	0.481	0.660	0.680
	智慧的（intelligent）	0.545	0.577	0.630
	优雅的（elegant）	0.501	0.578	0.623
	平和的（peaceful）	0.474		
	健全的（wholesome）	0.469		
	勤劳的（industrious）	0.409		

（续上表）

因子	题项	第1步	第2步	第3步
因子3	繁荣的（successful）	0.658	0.663	0.718
	现代的（contemporary）	0.683	0.724	0.697
	魅力的（glamorous）	0.518	0.616	0.650
	创新的（innovative）	0.616	0.618	0.641
	时尚的（up-to-date）	0.560	0.550	0.620
	世界性的（cosmopolitan）	0.690	0.712	
因子4	艺术的（artistic）	0.793	0.793	0.801
	独创的（original）	0.770	0.770	0.775
	独特的（unique）	0.740	0.740	0.747
	文化的（cultural）	0.594	0.598	0.600
	传统的（traditional）	0.577		
	惊奇的（amazing）	0.422		
	多样的（diverse）	0.416		
因子5	粗犷的（rugged）	0.640	0.759	0.751
	大胆的（daring）	0.582	0.720	0.708
	坚强的（tough）	0.638	0.617	0.685
	户外的（outdoorsy）	0.485		
因子6	悠闲的（leisurely）	0.557	0.687	0.774
	随和的（easygoing）	0.745	0.612	0.620
因子7	欢乐的（cheerful）	0.556		
	好客的（hospitable）	0.482		
因子8	浪漫的（romantic）	0.455		
	美貌的（good-looking）	0.444		
	迷人的（charming）	0.377		
因子9	务实的（down-to-earth）	0.606		
	KMO值	0.956	0.930	0.924
	累计方差贡献	55.361%	55.121%	58.123%

注：第1步、第2步、第3步分别表示以52个词汇、31个词汇、25个词汇进行因子分析。

基于 25 个形容词的主成分分析结果如表 4 - 9 所示，6 个因子累计解释了 58.122% 的总方差，KMO 值为 0.924，并通过 Bartlett 球形检验，整个量表的信度系数为 0.901，超过一般统计要求的 0.7。各题项的因子载荷均超过 0.5，各题项的公因子方差均超过 0.4。

因子命名根据以下 3 个原则：①提炼因子所包含的全部题项的共同意思；②优先考虑因子载荷较高的题项意思；③参考人格特质、品牌个性等先行研究的命名，尽量保持与其一致，以便比较。因子 1 包括 6 个题项，根据因子载荷大小顺序依次为动感、充满生气、乐观、善社交、冒险、兴奋，这些形容词共同表现了中国城市人群喧嚷、车水马龙、充满商机等景象，又与 Ferrandi et al.（2000）、Geuens et al.（2009）、Usakli & Baloglu（2011）研究中的"活力"（activity、vibrancy 或 dynamism）因子比较相似，都包含"充满生气"（vibrant）、"动感"（dynamic）、"兴奋"（exciting）等题项，故称之为"活力"。因子 2 包括 5 个题项，分别是真诚、礼貌、尽职尽责、可靠、和谐，这些形容词共同反映了中国城市的良好接待服务和完善的市政设施，并与 Aaker（1997）、Aaker（2001）、Ekinci & Hosany（2006）研究中的"真诚"（sincerity）"因子比较类似，同样包含了"真诚"（sincere）、"可靠"（reliable）等题项，因此命名为"真诚"。因子 3 包括 5 个题项，依次为繁荣、现代、魅力、创新、时尚，这些形容词共同反映了中国城市的现代化大都市和国际化气息，而且与 Sahin & Baloglu（2009）、Usakli & Baloglu（2011）、Chen（2013）研究中的"现代"（contemporary 或 modernity）因子非常相似，都包含了"现代"（contemporary）、"时尚"（up-to-date）等题项，故统称为"现代"。因子 4 包括 4 个题项，分别为艺术、独创、独特、文化，这些形容词说明中国城市在入境游客眼中具有独特的地方文化特色，也是本研究比较独特的因子，故命名为"文化"。因子 5 包括 3 个题项，分别是粗犷、大胆、坚强，这些形容词表现了中国城市地处大陆的地理特点，以及 21 世纪以来中国经济大胆改革、粗放式快速发展所取得的令人瞩目的成就，而且与 Aaker（1997）、Aaker（2001）、Murphy et al.（2007）、Chen（2013）研究中的"粗犷"（ruggedness）因子非常相似，同样包括了"粗犷"（rugged）、"坚强"（tough）等题项，故命名为"粗犷"。因子 6 包括悠闲、随和两个题项，这些形容词反映了中国城市宜居宜游的特点，类似 D'Astous & Boujbel（2007）研究中的"宜人性"（agreeableness）"因子，以及 Geuens et al.（2009）研究中的"感性"（emotionality）因子，故取名"随和"。

主成分分析结果显示了入境游客对中国旅游城市品牌个性感知的 6 个主干构面，按特征值大小依次为活力（vibrancy）、真诚（sincerity）、现代（contemporary）、文化（culture）、粗犷（ruggedness）、随和（easygoingness）。其中，活力因子特征值最大，解释了 12.257% 的总方差，说明活力是入境游客对中国旅游城市品牌个性的主要感知因素。本研究得到的关于中国旅游城市品牌个性的 6 个因子，与"大五"人格特质基本吻合，"活力"因子类似"大五"人格中的"外向性"，"真诚"因子类似"大五"人格中的"尽责性"和"宜人性"，"现代"因子类似"大五"人格中的"开放性"，"随和"因子类似"大五"人格中的"神经质性"，反映个人的情绪稳定性。而"文化""粗犷"则是中国旅游城市不同于一般人格特质的独特因素。

表 4-9　探索性因子分析结果

测量词汇	因子 1 活力	因子 2 真诚	因子 3 现代	因子 4 文化	因子 5 粗犷	因子 6 随和	公因子方差
动感的（dynamic）	0.704						0.683
充满生气的（vibrant）	0.685						0.609
乐观的（optimistic）	0.624						0.474
善社交的（sociable）	0.599						0.501
冒险的（adventurous）	0.567						0.594
兴奋的（exciting）	0.524						0.645
真诚的（sincere）		0.719					0.720
礼貌的（courteous）		0.692					0.670
尽职尽责的（responsible）		0.680					0.585
可靠的（reliable）		0.630					0.593
和谐的（harmony）		0.623					0.515
繁荣的（successful）			0.718				0.535
现代的（contemporary）			0.697				0.599
魅力的（glamorous）			0.650				0.536
创新的（innovative）			0.641				0.463

（续上表）

测量词汇	因子1 活力	因子2 真诚	因子3 现代	因子4 文化	因子5 粗犷	因子6 随和	公因子 方差
时尚的（up-to-date）			0.620				0.597
艺术的（artistic）				0.801			0.487
独创的（original）				0.775			0.522
独特的（unique）				0.747			0.529
文化的（cultural）				0.600			0.624
粗犷的（rugged）					0.751		0.680
大胆的（daring）					0.708		0.659
坚强的（tough）					0.685		0.595
悠闲的（leisurely）						0.774	0.614
随和的（easygoing）						0.620	0.503
特征值	3.064	2.941	2.693	2.626	1.814	1.393	
解释方差（%）	12.257	11.766	10.770	10.502	7.255	5.572	

注：累计解释方差 = 58.122%。KMO = 0.924，Bartlett 球形检验，χ^2 = 10 535.34（0.000）。总体信度系数 = 0.901。

4.5 验证性因子分析

验证性因子分析旨在检验因子构成的稳定性或一致性，即本研究所得到的因子结构是否可以作为测量不同客源地者、不同城市的普遍适用尺度。笔者使用 AMOS18 软件最大似然估计程序（maximum likelihood），对中国旅游城市品牌个性指标模型进行验证性因子分析，进一步检验该量表的信度和效度。拟合指标一般认可的标准是：$\chi^2/$ Df 在 2.0 ~ 5.0 之间，NFI、CFI、IFI、GFI 均大于 0.9，RMSEA 小于 0.08，SRMR 小于 0.05，表示模型拟合程度很高。初始数据模型的拟合指标并未达到一般要求，通过删除具有较大残差的题项，提高整个模型的适配度，但前提是确保题项取舍有理论依据。具体做法是根据输出的修正指数（modification indices）和模型拟合指标结果，删除能显著降低模型卡方统计量的题项。最终数据分析结果如表 4 - 10 所示，卡方与自由度之比 $\chi^2/Df = 4.027$，标准拟合指数 NFI = 0.901，非标准化拟合指数 TLI = 0.912，比较拟合指数 CFI = 0.924，增值拟合指数 IFI = 0.924，绝对拟合指数 GFI = 0.935，渐进残差均方和平方根 RMSEA = 0.049，说明因子结构具有较好的整体可靠性。每个测量题项的标准化负载值均超过 0.4，T 值在 10.059 ~ 24.742 之间，说明各个维度的测量题项都有较高的会聚有效性。

表 4 - 10　验证性因子分析结果

因素	题项	标准化负载值	T 值	拟合指标
因子 1	动感的（dynamic）	0.701	19.269***	
	充满生气的（vibrant）	0.597		
	乐观的（optimistic）	0.637	18.017***	
	善社交的（sociable）	0.656	18.394***	
	冒险的（adventurous）	0.611	17.480***	
	兴奋的（exciting）	0.645	18.181***	
因子 2	真诚的（sincere）	0.655	20.413***	
	礼貌的（courteous）	0.679	21.056***	
	尽职尽责的（responsible）	0.689		
	可靠的（reliable）	0.735	22.506***	
	和谐的（harmony）	0.634	19.825***	
因子 3	繁荣的（successful）	0.665	17.137***	
	现代的（contemporary）	0.576		
	魅力的（glamorous）	0.572	15.520***	
	创新的（innovative）	0.681	17.374***	
	时尚的（up-to-date）	0.667	17.171***	

（续上表）

因素	题项	标准化负载值	T 值	拟合指标
因子 4	艺术的（artistic）	0.772		$\chi^2 = 1\,047.065$
	独创的（original）	0.764	24.742***	Df = 260
	独特的（unique）	0.707	23.216***	$\chi^2/\text{Df} = 4.027$
	文化的（cultural）	0.581	19.162***	
因子 5	粗犷的（rugged）	0.666		NFI = 0.901
	大胆的（daring）	0.763	17.880***	TLI = 0.912
	坚强的（tough）	0.489	14.017***	CFI = 0.924
				IFI = 0.924
因子 6	悠闲的（leisurely）	0.556		GFI = 0.935
	随和的（easygoing）	0.503	10.059***	

注：①因子中的某个观测变量所对应的载荷系数，通常被固定为 1，用作在标准化时的"参照系"，因此它不存在 T 值和标准差；②*** 表示 P 值在 0.001 统计水平下显著。

4.6　信度检验

信度指一个测验的测量结果在多大程度上反映了被测特质的真实性，（拉森，2011）即重复测量的一致性。（卡弗，2011）测量信度的方法一般有内部信度、重测信度、评价者信度。重测信度指同一个样本进行跨时间重复测量，然后比较不同时间测量结果的相关性，但本书以短暂逗留的入境游客为调查对象，难以对其进行不同时间的重复测量。评价者信度指通过多个观察者来得到测量信度，这主要用于定性研究。由于后两者不适合本研究，本研究重点检验内部信度。所谓内部信度，又称内部一致性，指在同一个时间点检验题项之间的相关关系。（拉森，2011）目前通常用克朗巴哈 α 系数（cronbach's coefficient alpha）或折半信度（split-half reliability）进行检验。但由于不同的折半方式得到的信度系数不一样，效果不太稳定，而且实际数据往往不满足两半问题条目分数的方差相等这一假设，导致信度被低估，（易丹辉，2008）因此在社会科学研究领域，一般认为克朗巴哈 α 系数优于折半法，使用率更高。（吴明隆，2003；张文彤，2002）

对于以发展测量工具为目的的研究，总量表的信度系数最好在 0.8 以上，在 0.7~0.8 之间，还可以接受使用；分量表的信度系数最好在 0.7 以上，在 0.6~0.7 之间，亦可接受。（吴明隆，2003）本研究量表的信度分析结果如表 4-11 所示，各题项与所在因子的相关系数在 0.389~0.666 之间，表现出较高的相关水平，各因子的克朗巴哈系数在 0.625~0.810 之间，表明每个因子的内部一致性较高。此外，量表总信度系数为 0.901，超过要求达到 0.8 以上的标准，表明整个量表具有较高的内部一致性。

表 4-11　信度分析结果

因子	题项	题项与因子总分的相关系数	克朗巴哈系数
因子 1	动感的（dynamic）	0.623	0.807
	充满生气的（vibrant）	0.545	
	乐观的（optimistic）	0.553	
	善社交的（sociable）	0.574	
	冒险的（adventurous）	0.543	
	兴奋的（exciting）	0.552	
因子 2	真诚的（sincere）	0.588	0.810
	礼貌的（courteous）	0.612	
	尽职尽责的（responsible）	0.602	
	可靠的（reliable）	0.624	
	和谐的（harmony）	0.562	
因子 3	繁荣的（successful）	0.584	0.768
	现代的（contemporary）	0.515	
	魅力的（glamorous）	0.495	
	创新的（innovative）	0.560	
	时尚的（up-to-date）	0.545	
因子 4	艺术的（artistic）	0.666	0.796
	独创的（original）	0.650	
	独特的（unique）	0.615	
	文化的（cultural）	0.501	

（续上表）

因子	题项	题项与因子总分的相关系数	克朗巴哈系数
因子5	粗犷的（rugged） 大胆的（daring） 坚强的（tough）	0.523 0.532 0.389	0.668
因子6	悠闲的（leisurely） 随和的（easygoing）	0.458 0.458	0.625

注：量表总信度系数为 0.901。

4.7　效度检验

效度指一个测验在多大程度上测量到它所要测量的东西。（拉森，2011）检验效度的方法一般有五种：表面效度（face validity）、预测效度（predictive validity）、结构效度（construct validity）、会聚效度（convergent validity）、区分效度（discriminant validity）。（卡弗，2011；拉森，2011）表面效度指测验是否测量了其应该测量的东西。会聚效度指测量与其他特征的相关程度，如果在概念上与评估的特质类似，则认为会聚效度较高。区分效度指量表不测量不计划测量的特质的程度。这三种效度往往通过专家定性研究或具有公认的校标测量加以判定，（易丹辉，2008）并在本书第3章关于词汇筛选的过程中有所体现。在此重点基于量表数据进行结构效度、预测效度的检验。

4.7.1　结构效度

在一阶验证性因子分析中，各共同因素间的相关矩阵不为零的检定结果如果显著的话，则可以进行二阶验证性因子分析，以提取更高阶的共同因素。如表4-12显示，各因子之间的相关系数在 0.315 ~ 0.699 之间，说明因子间的相关性呈现显著结果，可以继续进行二阶因子分析。

表 4 – 12　各因子之间的相关矩阵

	因子 6	因子 5	因子 4	因子 3	因子 2	因子 1
因子 6	1					
因子 5	0.315	1				
因子 4	0.418	0.336	1			
因子 3	0.397	0.402	0.494	1		
因子 2	0.522	0.695	0.544	0.695	1	
因子 1	0.689	0.420	0.553	0.609	0.699	1

　　在验证性因子分析的基础上，对数据进行中国旅游城市品牌个性的二阶因子分析。分析结果如表 4 – 13 所示，活力、真诚、现代、文化、粗犷、随和 6 个子因子对 "中国旅游城市品牌个性" 二阶因子的标准化负载值均大于 0.6，T 值在 10.849 ~ 15.365 之间，且显著性都达到 0.001，表示该模型具有良好的会聚效度。二阶因子分析模型的拟合指数 χ^2/Df、NFI、TLI、CFI、IFI、GFI、SRMR、RMSEA 分别为 4.399、0.888、0.901、0.911、0.912、0.926、0.048、0.052，表明整体拟合程度尚可接受，可以确认二阶因子模型的整体结构效度较好。由此可见，"中国旅游城市品牌个性" 确实由活力、真诚、现代、文化、粗犷、随和 6 个特质组成。

表 4 - 13　二阶因子分析结果

二阶因子	一阶因子	标准化负载值	T 值
中国旅游城市品牌个性	"活力"特质	0.794	15. 365 ***
	"真诚"特质	0.920	14. 297 ***
	"现代"特质	0.744	15. 193 ***
	"文化"特质	0.626	13. 252 ***
	"粗犷"特质	0.640	10. 849 ***
	"随和"特质	0.633	
拟合指标	$\chi^2/Df = 4. 399$，NFI = 0. 888，TLI = 0. 901，CFI = 0. 911，IFI = 0. 912，GFI = 0. 926，SRMR = 0. 048，RMSEA = 0. 052		

注: *** 表示 P < 0. 001。

4.7.2　预测效度

预测效度指测验是否预测了外在校标。成功地预测了应该预测的内容的量表具有高预测效度。本研究以品牌个性的 6 个因子为自变量，以总印象、总满意度、重游意愿为因变量，通过 SPSS 软件中的线性回归程序进行分析。结果如表 4 - 14 所示，品牌个性与总印象、总满意度、重游意愿概念之间存在着显著的线性相关关系。三个回归模型的决定系数 R^2 分别为 0. 155、0. 143、0. 07，表示中国旅游城市品牌个性构成因子可以解释总印象、总满意度、重游意愿的变异量分别为 15. 5%、14. 3%、7%。F 值表明三个回归方程模型都有较好的拟合度(P < 0. 001)。标准化系数及 T 值显示，除了"粗犷"和"文化"因子之外，其余 4 个因子对总印象、总满意度、重游意愿均有显著的正向影响。换言之，品牌个性感知的增强对整体印象、满意度及重游意愿都有积极影响。这说明品牌个性构成因子具有较好的预测效度。

表4-14　回归分析结果

因变量	自变量	标准化系数	T 值	F 值	R^2/R^2_{Adj}
总印象	因子1：活力	0.220	8.466***	38.271***	0.155/0.151
	因子2：真诚	0.259	9.947***		
	因子3：现代	0.162	6.229***		
	因子4：文化	0.084	3.247***		
	因子5：粗犷	-0.026	-1.011**		
	因子6：随和	0.076	2.929		
总满意度	因子1：活力	0.236	9.006***	34.641***	0.143/0.139
	因子2：真诚	0.217	8.266***		
	因子3：现代	0.175	6.681***		
	因子4：文化	0.079	2.998**		
	因子5：粗犷	0.007	0.265		
	因子6：随和	0.055	2.104*		
重游意愿	因子1：活力	0.167	6.119***	15.599***	0.07/0.065
	因子2：真诚	0.132	4.828***		
	因子3：现代	0.110	4.048***		
	因子4：文化	0.047	1.731		
	因子5：粗犷	0.013	0.494		
	因子6：随和	0.099	3.635***		

注：*、**、*** 分别表示 $P<0.05$，$P<0.01$，$P<0.001$。

4.8　各大洲游客的品牌个性感知差异

单因素方差分析（ANOVA）结果如表4-15所示，各大洲游客对6个品牌个性因子的感知均存在显著差异。亚洲游客对中国旅游城市品牌个性的感知程度普遍较低，尤其在活力、真诚、现代、文化等主要因子上出现负值，并低于整体平均水平，而在粗犷、随和2个因子上的评分却显著高于世界其他地区游客，但绝对值仍较小，不足0.1。这说明中国热门旅游城市在亚洲游客心目中并没有非常形象鲜明的个性，但对中国城市"粗犷"和"随和"的气质，游客的感触却比世界其他地区相对较深。这是因为，亚洲游客主要来自东亚、东南亚、南亚等地，他们居住在中国周边的滨海地区，以半岛或岛屿国家居多，属于精细、性急的海洋性格，对于中国城市的粗犷、豪放、强悍以及相对节奏较慢的大陆气质，留下了较深印象。欧洲游客对中国城市的活力、现代等因子感知较明显，因为相比保留了大量传统历史建筑、生活节奏悠闲的欧洲城市，中国城市现代化高楼大厦林立、人们忙碌工作的景象给欧洲游客留下深刻印象。除了以欧美国家为代表的西方世界所共同感触到的活力和现代因素之外，美洲游客对中国城市的文化因素感知较显著，他们主要来自美国和加拿大等远程客源市场，地域跨度较大导致对文化差异感知明显。大洋洲游客对中国城市的真诚因素感知较明显，大洋洲游客来华经商者较多，一般受到中国当地企业或商业伙伴的良好接待，对中国城市的真诚因素感知较强烈。总体而言，活力和现代是欧美入境游客对中国城市感知最强烈的因素，美洲游客对文化因子感受较深，亚洲游客对粗犷和随和因子感知更为显著，大洋洲游客对中国城市的真诚因子感知更为强烈。

表4-15　世界各地游客对中国旅游城市品牌个性的感知比较

地区	频数	因子1 活力	因子2 真诚	因子3 现代	因子4 文化	因子5 粗犷	因子6 随和
亚洲	962	−0.108	−0.075	−0.065	−0.062	0.081	0.051
欧洲	114	0.444	0.239	0.247	0.019	−0.192	−0.259
美洲	108	0.379	0.187	0.247	0.351	−0.143	−0.150
大洋洲	49	0.197	0.302	−0.040	0.092	−0.447	−0.266
合计	1 233	−0.002	−0.008	−0.008	−0.013	0.015	−0.007
F值		17.862	6.829	5.903	5.862	7.824	5.541
Sig.		0.000	0.000	0.001	0.001	0.000	0.001

注：加下划线的数字表示均值较高。

4.9　主要国家及地区游客的品牌个性感知差异

　　单因素方差分析（ANOVA）结果如表 4 - 16 所示，来自不同国家及地区的游客对 6 个品牌个性因子的感知均存在显著差异。韩国游客和日本游客对中国城市的随和因子比较认可，美国游客则对活力和文化因子比较肯定，印度游客对真诚因子感知较强烈，俄罗斯游客对活力、真诚、现代、粗犷因子评价较高。中国台湾、新加坡游客虽然同属大中华文化圈，但对中国城市个性的评价普遍较低，没有感知显著较强的因子。相对而言，马来西亚游客对中国城市的文化因子评价较高，印尼游客对现代因子感触较深，澳大利亚游客对真诚因子比较认可。

表 4 - 16　主要国家及地区游客对中国旅游城市品牌个性的感知比较

国家或地区	频数	因子 1 活力	因子 2 真诚	因子 3 现代	因子 4 文化	因子 5 粗犷	因子 6 随和
韩国	317	- 0. 159	- 0. 228	- 0. 140	- 0. 010	0. 247	0. 183
日本	192	0. 201	- 0. 434	- 0. 406	- 0. 321	0. 068	0. 180
中国台湾	126	- 0. 400	- 0. 113	0. 056	- 0. 072	- 0. 079	- 0. 200
美国	72	0. 568	0. 075	0. 291	0. 437	- 0. 137	- 0. 319
马来西亚	71	- 0. 359	- 0. 005	- 0. 037	0. 119	- 0. 070	- 0. 106
新加坡	69	0. 005	0. 218	0. 092	- 0. 046	0. 087	- 0. 064
印尼	50	- 0. 161	0. 139	0. 264	0. 103	0. 084	- 0. 042
澳大利亚	41	0. 108	0. 333	0. 010	0. 097	- 0. 416	- 0. 371
印度	36	0. 051	0. 803	0. 406	- 0. 034	- 0. 360	- 0. 138
俄罗斯	35	0. 735	0. 551	0. 548	0. 109	0. 447	- 0. 617
合计	1 009	- 0. 023	- 0. 080	- 0. 043	- 0. 025	0. 062	- 0. 011
F 值		11. 332	11. 219	7. 141	4. 290	4. 634	6. 143
Sig.		0. 000	0. 000	0. 000	0. 000	0. 000	0. 000

注：加下划线的数字表示均值较高。

4.10　六大世界文化区游客的品牌个性感知差异

单因素方差分析（ANOVA）结果如表4-17所示，儒家文化区紧邻中国，同属汉字文化圈，熟谙中国历史文化，长期接受儒家文化熏染，可谓地缘相近、文脉相通、人缘相亲，但对中国城市的总体评价却不高，相对评价较高的因子只有粗犷、随和。关于粗犷的感受主要源自中国经济的粗放式快速发展，以及中国城市地处内陆的地理和人文风貌；而随和气质的感受主要因为中国城市相对悠闲的生活节奏，日本、韩国等东亚国家国土狭小、人口稠密，选择了出口导向型的经济发展模式，社会竞争激烈、工作生活压力大是其共同特征。

西方文化区对活力、文化、现代因子感知较显著。如今的西方世界大多数国家已进入福利社会阶段，社会发展平缓，生活节奏悠闲，而中国作为世界第二大经济体，正处在类似西方国家20世纪上半期的工业化时代，大量民众忙碌地从事加工制造业及相关行业，西方游客来到高楼林立、日新月异、人口稠密、工作繁忙的中国大城市，无不感受到中国充满活力和现代化气息。

伊斯兰文化区对真诚、现代、文化因子比较肯定。伊斯兰文化区社会长期动荡不安，中国社会秩序安全可靠、服务友好给他们留下较深印象。伊斯兰文化区由于独特的宗教信仰，与中国存在较大的文化差异，这是该地区游客对中国城市的文化因素感受较深的原因。

南亚文化区对真诚和现代因子评价很高，说明他们对中国旅游的真诚服务、社会秩序的和谐有序是非常认可的。南亚文化区的突出特点是文化多样，多种宗教、民族、语言长期共存，但目前社会发展水平仍相对落后，中国城市快速的现代化步伐以及相对完善的公共服务设施是他们感受到真诚和现代的主要原因。

俄罗斯文化区对除随和因子之外的其他因子的评价都很高，俄罗斯虽然是超级大国，但社会公共服务配套设施一直非常不完善，而且地处北纬高寒地带，俄罗斯游客来到气候相对暖和、经济发达的中国城市，感受到气候、生活都非常舒适宜人。

东南亚文化区对中国城市个性的评价普遍不高，缺乏明显感知较强的因子。东南亚是华侨华人聚集的地方，全世界70%以上的华侨华人分布在东南亚地区，中华文化是东南亚多元文明中的一部分，东南亚游客对中国及中国文化并不陌生。中国旅游城市要在东南亚游客心目中留下个性鲜明的形象，有待进一步深入地细分研究。

表4-17　世界不同文化区游客对中国旅游城市品牌个性的感知比较

文化区	频数	因子1 活力	因子2 真诚	因子3 现代	因子4 文化	因子5 粗犷	因子6 随和
儒家 文化区	712	-0.089	-0.213	-0.151	-0.100	<u>0.131</u>	<u>0.095</u>
西方 文化区	227	<u>0.324</u>	0.171	<u>0.148</u>	<u>0.161</u>	-0.326	-0.164
伊斯兰 文化区	47	-0.047	<u>0.475</u>	<u>0.339</u>	0.190	-0.070	0.034
南亚 文化区	44	0.013	<u>0.736</u>	<u>0.453</u>	-0.060	-0.324	-0.065
俄罗斯 文化区	41	<u>0.704</u>	<u>0.446</u>	<u>0.454</u>	0.150	<u>0.378</u>	-0.552
东南亚 文化区	181	-0.283	0.175	0.099	0.081	0.001	-0.067
合计	1 252	-0.011	-0.007	-0.001	-0.006	0.014	-0.005
F值		13.645	18.725	9.514	3.453	9.966	5.285
Sig.		0.000	0.000	0.000	0.004	0.000	0.000

注：加下划线的数字表示均值较高。

4.11 中国旅游城市的品牌个性感知差异

如表 4–18 所示，入境游客眼中的中国热门旅游城市存在显著的个性差异。上海、深圳、香港等城市的活力因子最显著，这些城市活跃的市场经济和快速的生活节奏让外国游客感到生机和活力。杭州在真诚方面受评价最高，杭州自古以来享有"天堂之城"的美誉，城市环境优美、产业经济发达，吸引了很多外国人到此经商和工作。上海、香港的现代因子最突出，这两个城市是中国经济最发达的地区，是外国人眼中国际化程度最高的中国城市。杭州、桂林、北京、昆明、西安、香港、澳门等城市的文化因子最浓郁，这些城市都是中国历史悠久的文化名城，尤其是北京、西安，是中国著名的历朝古都，北京是中国的首都，是中国文化的象征，拥有紫禁城、天坛等世界文化遗产，西安是古代 13 个王朝的都城，历史悠久而辉煌，拥有兵马俑、古城等世界文化遗产。深圳的粗犷因子最显著，20世纪 80 年代，深圳是中国改革开放的先行试验区，以"敢为人先"的精神，大胆探索，务实进取，率先在全国推行以市场为导向的改革与创新，成为中国外向度最高的经济区域和对外开放的重要窗口。经过改革开放 30多年以来的发展，深圳从过去的小渔村转变为世界制造业中心，高楼拔地而起，工业园区聚集，但是这种粗放式的快速崛起不可避免地产生城镇化过程中新城泛滥、人口激增而导致的社会秩序混乱等负面现象，这是让入境游客感到粗犷的主要原因。桂林、昆明、厦门、珠海、杭州等城市的随和因子最鲜明，这些城市是中国优秀的旅游城市，以悠闲的休闲度假氛围、优美的自然和人文环境而著称。此外，广州、东莞、佛山的城市个性相对不明显，在 6 个因子中的得分均较低，说明这些城市在全国热门旅游城市的对比中缺乏独特的气质。而有的旅游城市拥有多项品牌个性，如香港、杭州各拥有 3 项特质，上海、深圳、桂林、昆明各拥有 2 项特质，个性特质越多，说明城市的旅游品牌影响力越大。

城市个性特质具有跨时间的延续性和跨历史的一致性，不会轻易随时间或历史而改变。虽然中国城市发展历经千百年多个朝代更替以及国际社会变革，但有些属于城市灵魂的特质相对持久和稳定，并且一直发挥着作用。例如，由历朝古都积淀而成的"文化"特质之于北京、西安；清末对外开埠后中西文化交融所形成的"现代"特质之于上海、香港；喀斯特地貌和青山绿水所形成的"随和"特质之于桂林；这些因素至今仍在外国人感知中国城市个性的过程中发挥着主导作用。一个地方的历史人文、地理特征、自然景观等与城市个性密切相关，即使经历全球化和城镇化浪潮的冲击，这些因素在影响城市个性感知的过程中仍然起到关键作用。

表4-18　中国旅游城市的品牌个性感知比较

城市	频数	因子1 活力	因子2 真诚	因子3 现代	因子4 文化	因子5 粗犷	因子6 随和
广州	659	3.44	3.21	3.44	3.37	3.30	3.35
香港	150	3.57	3.25	3.72	3.55	3.34	3.47
上海	139	3.64	3.18	3.80	3.46	3.25	3.50
深圳	87	3.58	3.33	3.57	3.47	3.41	3.45
北京	83	3.50	3.24	3.51	3.75	3.26	3.34
澳门	47	3.41	3.04	3.53	3.54	3.14	3.49
东莞	47	3.38	2.95	3.17	3.10	3.31	3.39
佛山	36	3.33	3.24	3.24	3.28	3.15	3.44
桂林	28	3.54	3.29	3.06	3.77	3.29	3.82
珠海	28	3.42	3.18	3.47	3.29	3.11	3.63
厦门	26	3.29	3.12	3.42	3.32	3.04	3.63
杭州	24	3.53	3.39	3.42	3.85	3.03	3.62
昆明	22	3.27	3.23	3.05	3.64	3.08	3.64
西安	16	3.37	3.20	3.15	3.59	3.15	3.37
全国平均	1 276	3.48	3.22	3.47	3.41	3.28	3.39

注：①此题为多选题；②加下划线的数字表示均值较高；③三亚、天津等城市由于样本量太少，不纳入统计。

4.12　当代中国旅游城市的品牌个性总体特征

改革开放以来，中国入境旅游业从接待外国友人及华侨华人的"事业"转变成为国家赚取外汇的"产业"，入境旅游市场迅速发展起来。在通信技术和交通工具高度发达的现代，每个人都能以更多的视角感知中国，并与世界分享旅游行踪和感悟。不同的中国城市，在众多客的眼里，已经汇集成某些具有稳定性的个性特质。

被访入境游客对中国旅游城市在 6 个因子上的综合评价得分如图 4 - 1 所示，各因子平均值在 3. 22 ~ 3. 48 之间，说明入境游客对当代中国旅游城市的品牌个性总体评价不高，中国旅游城市在参与世界旅游城市品牌竞争当中，整体实力仍有待加强。在世人眼中，当代中国热门旅游城市的个性感知强度依次是活力、现代、文化、随和、粗犷、真诚。当代中国旅游城市的品牌个性是以活力和现代为首的，文化、随和、粗犷、真诚等特质并存的多元融合体，中国城市旅游是一种多元化的体验。

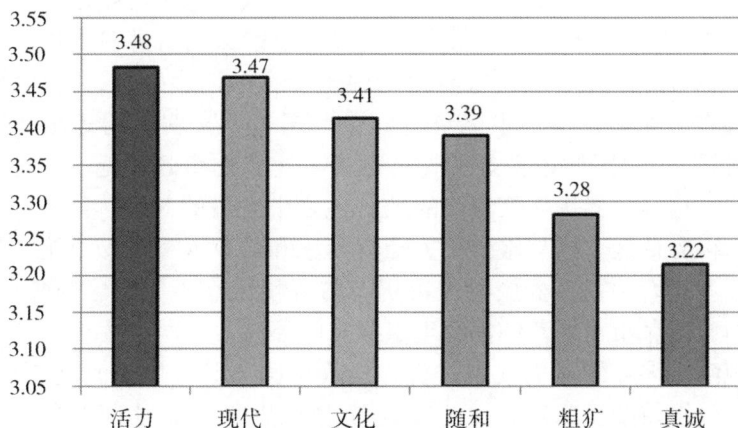

图 4 - 1　当代中国旅游城市的品牌个性总体特征

"活力"可以说是入境游客对中国城市的第一印象。中国城市的"活力"特质源自中国疆域辽阔、人口众多、物产丰富、经济繁荣、人们勤劳工作，以及对物质主义的热衷。相对信奉基督教或伊斯兰教的国家而言，中国缺乏严格意义的宗教（儒、释、道三教更多的是偶像崇拜或泛神信仰），中国人表现出对精神世界的淡漠，而对物质享受的热衷，从而形成中国人更注重对物质使用和占有的价值观。几乎每个到中国的外国游客都对中国街市商铺林立、商品琳琅满目、民众忙碌劳作、职业形形色色的繁荣景观留下深刻印象，劳动与消费构成中国城市生活的二元循环机制。中国城市意味着庞大的消费市场，充满各种商机，这是让入境游客感到兴奋的地方。

"现代"特质则是过去一百多年以来，中国大地上出现翻天覆地变化的高度概括，特别是改革开放三十多年来，中国利用市场经济手段，大力推动经济发展，城市基础设施和公共服务体系日臻完善，城镇化建设取得举世瞩目的成就，人们的生活水平显著提高，大大缩小了中西方在物质和精神水平上的差距。2010 年，中国成为仅次于美国的世界第二大经济体，中国城市摆脱近代封建社会的贫穷落后面貌，以现代化的崭新面貌重新迎接世人的考量。

"文化"是古老的中华文明与当代以西方为首的外来文明包容并蓄而形成的中国城市独有的内在特质，入境游客在华旅游过程中经历的、与本国具有明显差异的事物或思维方式都会被归纳为文化因素，如建筑风格、饮食习惯、生活方式等。"随和"指中国旅游城市悠闲的生活节奏、舒适的自然人文环境。"粗犷"是来自半岛或岛屿国家的游客对中国大陆文明的感知，源自处在发展中国家阶段的中国存在的诸多问题，与血汗工厂、城镇化过程中新城泛滥、生态环境污染、国人不文明行为等负面现象有关。"真诚"指中国城市良好的接待服务、完善的市政设施、安定和谐的社会秩序，这是世界优秀旅游目的地个性之中必备的共性，但中国城市在这方面的得分最低。这与旅游相关经营商家和从业人员的诚信道德缺失与服务水平不高有关，不少旅游城市仍有将入境游客视为宰客对象的观念，这是中国旅游城市对外营销需要重点提升的部分。

纵观两千多年的历史发展进程，当代中国与其他历史时期不同的是：一是国民经济持续快速发展，尤其是 21 世纪以来，中国 GDP 年均增速近10%，是全球经济引擎；二是全面对外开放格局已经形成，从东部沿海到中西部内陆，中国已全面加入经济全球化进程；三是人民生活水平明显提高，自 1978 年到 2012 年，我国人均国民总收入从 190 美元提高到 5 680 美元，成功实现从低收入国家向中等收入国家的跨越。当今的中国已成为仅次于美国的世界第二大经济体、世界制造业基地，外汇储备世界第一。入境游客感知的当代中国旅游城市个性以"活力"和"现代"为首要特质，一改近代贫穷落后的认知，这与当代中国经济社会发展崛起的背景密不可分。此外，来华入境游客大部分为商务客，以从事经商贸易活动为主要目的，对于他们而言，中国最具吸引力的因子无疑是中国作为世界工厂和全球最大消费市场的无限商机，他们更看重中国城市的商业属性和充满活力的市场经济。综上可见，当代中国旅游城市的总体个性可归纳为"活力的现代化崛起"。

4.13 本章小结

通过对 1 276 个来自 64 个国家和地区的入境游客的调查，基于 52 个品牌个性词汇对中国热门旅游城市进行感知程度评价，再运用因子分析及信效度验证得到关于中国旅游城市品牌个性的主干因子构成。研究结果表明，入境游客对中国旅游城市品牌个性的感知是一个复杂的多维度结构，由活力（vibrancy）、真诚（sincerity）、现代（contemporary）、文化（culture）、粗犷（ruggedness）、随和（easygoingness）6 个维度组成（见图 4 - 2），其中，"活力"是入境游客感知最强烈的因子。通过对四大洲游客、主要国家及地区游客、六大世界文化区游客的分别比较分析，证实了不同国家和地区的游客对中国城市个性的感知存在显著差异。日韩及中国台湾等儒家文化区普遍认为中国大陆城市个性不鲜明，相对评价较高的因子只有粗犷、随和因子，以欧美为代表的西方文化区对中国城市的活力、文化、现代个性感知较为强烈，沙特阿拉伯、阿联酋等伊斯兰文化区对真诚、现代、文化因子比较肯定，印度、斯里兰卡等南亚文化区对中国城市的真诚和现代个性评价较高，俄罗斯文化区对除随和因子之外的其他因素的评价都很高，马来西亚、泰国、越南等东南亚文化区缺乏对中国城市个性感知较明显的因子。通过对不同城市的品牌个性感知进行对比分析，发现中国热门旅游城市之间存在显著的个性差异，上海、深圳、香港的活力因子最显著，杭州在真诚因子方面得到的评价最高，上海、香港的现代因子最突

出，杭州、桂林、北京、昆明、西安、香港、澳门的文化因子最强烈，深
圳的粗犷因子最显著，桂林、昆明、厦门、珠海、杭州的随和因子最鲜明。
当代中国旅游城市的品牌个性总体特征可归纳为"活力的现代化崛起"。

图 4-2　中国旅游城市的品牌个性因子构成框架

5　品牌个性构成因子的语义分析

第 4 章通过抽样调查和定量分析得到的中国旅游城市品牌个性构成维度，实质是运用不完全归纳法，将具有一定母体代表性的部分群体的认知，概括为母体对某一事物的普遍适用规律。但仍存在以下问题：被访者在问卷量表上按感知程度强弱对测量词汇进行逐个评价，而因子分析的运算原理是根据变量之间的相关性将众多变量合并成少数几个因子，（余建英，何旭宏，2003）这种相关性反映的是被访者感知程度的相关，而不是被访者主观感知的词语意思相关，但当因子分析结果作为品牌个性构成框架出现后，管理者从更易于实际应用的角度，却往往倾向于将其理解为品牌个性词义构成框架。因此，非常有必要将基于主成分分析获得的因子结构加入认知语言学分析，用演绎法还原个性描述词在特定语境下的典型意义，加强语义方面的解释力，使因子结构更易于理解和接受。

5.1　源域和目标域意义比较

通过因子分析确立的每个构成因子，其实相当于创造了一个新词，这个新词在多个本体（源域）和喻体（目标域）的互动作用下成为一种融合多种意义在内的语义复合体。尽管为了便于理解，因子名称用人们熟知的旧词代表，但赋予这个旧词的意义已不是原来的意义。如果说被访者评价每一个测量词汇是一次源域与目标域的映射过程，通过因子分析将受测词汇聚合为几类的过程，则相当于将多次映射在头脑中所形成的多种投影合为一种新的多维度影像。

为了进一步比较源域和目标域之间的语义分歧，将源域意义和目标域意义进行了对比分析后发现，源域意义指该词在词典上的释义，表示词语的一般性意义，具体数字表示释义的条数；目标域意义指通过实证调查得到的每个构成因子所囊括的词语意义，表示该词在中国旅游城市品牌个性方面的实际意义，具体数字表示每个因子包含的词语个数。源域意义从权威英文词典①中获得，目标域意义根据第 4 章图 4 – 2 得到，对比结果如表 5 – 1 所示。从意义的数量来看，词语的源域意义和目标域意义所代表的含义在数量和内容上存在显著不同。"活力""真诚""现代""随和"在目标域所代表的内涵比这些词的本身含义要多，而"文化""粗犷"的目标域意义却比其源域意义少。从意义的内容来看，"活力""文化""粗犷"的源域意义呈现出语义泛化的特点，即同一个词被用于描述多个不同事物的特征。例如，"文化"可以指生活方式、艺术、看法、种植、细胞等多种概念，"粗犷"可用于形容地形、脸孔、人的意志、设备等。而"真诚""现代""随和"的意义属于抽象概念，虽然意思比较单一，却是很多事物可能具有的属性，可以泛指多种事物。目标域意义在特定的语境限定下，意思内容显得更集中，相当于从不同的相关侧面共同描述中国旅游城市品牌个性的特征。例如，"活力"作为一种城市个性，包括动作（动感、充满生机）、态度（乐观、善社交、冒险）、情绪（兴奋）等方面，动作频繁表明积极乐观的态度，自然产生令人兴奋的情绪；"真诚"包括情感（真诚）、态度（礼貌、尽职尽责）、状态（可靠、和谐）等多个方面，彬彬有礼、负责任的态度使人感觉进入安全可靠、和谐的状态，由此产生真诚的情感；"随和"包括速度（悠闲）、情感（随和）等范畴，因为速度放慢，情绪就会放松，自然就感觉愉快。综上可见，品牌个性词汇随着目标域的变化，意思发生了明显变化。下一节将进一步分析具体词义变化的情况。

表 5 – 1　品牌个性构成因子的源域意义与目标域意义比较

	源域意义		目标域意义	
	数量	内容	数量	内容
活力 （vibrancy）	3	充满生机、（颜色）鲜艳、（声音）响亮	6	动感、充满生机、乐观、善社交、冒险、兴奋

---

① 霍恩比. 牛津高阶英汉双解词典 [M]. 6 版. 北京：商务印书馆，2004.

（续上表）

	源域意义		目标域意义	
	数量	内容	数量	内容
真诚 （sincerity）	2	真诚、坦率	5	真诚、礼貌、尽职尽责、可靠、和谐
现代 （contemporary）	2	同时、现代	5	繁荣、现代、魅力、创新、时尚
文化 （culture）	5	生活方式、艺术、看法、种植、细胞	4	艺术、独创、独特、文化
粗犷 （ruggedness）	4	（地形）凹凸不平、（男人的脸）强健而富有魅力、（人）坚强、（设备、衣服）耐用	3	粗犷、大胆、坚强
随和 （easygoingness）	1	轻松愉快	2	悠闲、随和

5.2　品牌个性认知语境模型

　　一个词能让人联想起很多语境。有些词虽然字面上看起来是褒义的，但当它投射到其他特定领域时，可能会产生负面的语境。例如，韩国观光公社 2002 年曾推出"活力韩国（Dynamic Korea）"的国家品牌口号，旨在突显韩国作为"亚洲四小龙"在经济社会发展上取得的巨大成就，并呼应 2002 年日韩世界杯的热烈氛围，但后来发现"Dynamic"这个词容易让外国游客联想到韩国国内的暴力示威游行等消极因素，于是后来改为"韩国，炫动之旅（Korea，Be Inspired）"。可见，当一个地方的品牌个性被提炼出来之后，表示该个性的词语，尤其是用于品牌形象推广的宣传口号，必须深入分析其语境的构成，并正确地选用词语，才能避免产生不适当的联想意义。

　　每个词语都不是孤立的认知实体，而是受社会文化背景、意识形态、价值观念、传统思维方式等多种外部环境因素影响的语境集群。当源域词语映射到目标域时，与源域词语相对应的认知语境发生了变化。为了理解这种变化，需要根据被访者对词语的情境联想，还原品牌个性构成因子所表示的语境。尽管一个词的语境是无法穷尽的，但与词语相关的语境总存在一些普遍相似之处或较多人提及的情境，这就构成这个词汇在特定环境下的原型，由此可以进一步提炼出这个词所有语义的共性或多数人对这个词语的核心语义。词语的语境越多，表明该词所包含的意义越丰富，因此该词所表达的核心语义越抽象、意蕴越深厚。词汇的认知语境分析图式参见图 5 - 1。

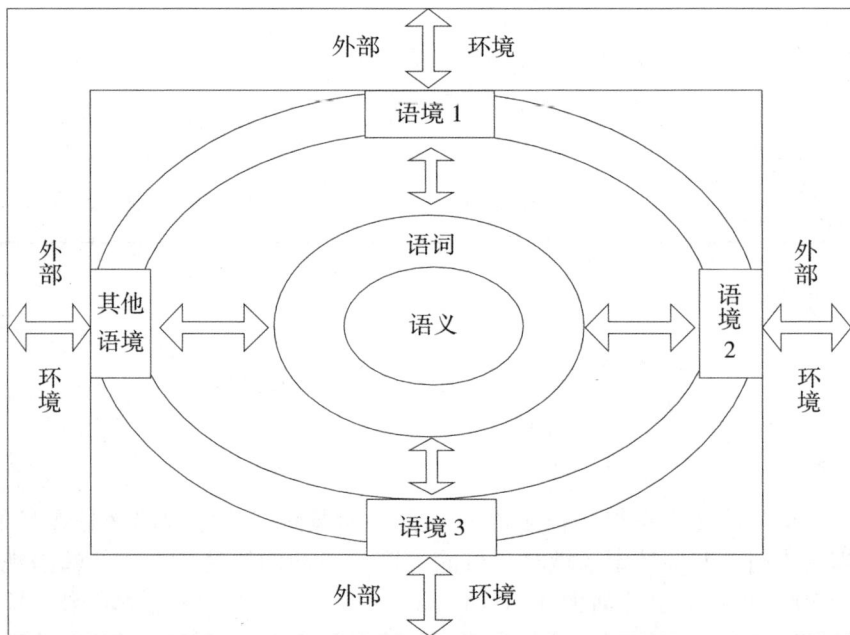

图 5 - 1　认知语境分析图式

　　受访者基于既往旅行回忆而产生对特定词语的语义联想，属于认知心理学领域中"陈述性知识"的范畴，主要是用来说明事物的性质、特征和状态，用于辨别事物。命题是陈述性知识的心理表征，指语词表达意义的最小单元，由范畴及其关系构成。范畴是事物的类别，由名词和代词表达，范畴之间的关系表明事物的状态、性质和特点，由形容词、动词或副词表达。

5.3 品牌个性认知语境分析

为了深入了解入境游客对中国旅游城市品牌个性构成维度的认知，本书开展了关于品牌个性词汇的原始语料的收集和分析工作，收集来源包括网络文本分析和游客深入访谈两部分。网络文本分析，在全球知名的两大旅游博客网站（www. travelblog. org、www. travelpod. com）中检索外国人所写的中国城市游记，检索时间为 2014 年 2 月 25 日至 3 月 6 日，由此得到相关的英语博文约 500 篇，通过精读从中挑选出对 6 个品牌个性维度具有解释性的语句和段落，共计 159 个。游客深入访谈分三次进行，分别为2014 年 5 月 13—14 日（16 人）、8 月 2—3 日（15 人）、9 月 1—2 日（20人），地点在广州白云机场国际航班候机厅，访谈对象为即将离境的入境游客，采用结构式访谈方法，基于封闭式问卷的自填结果，再按事先统一设定好的问题进行谈话。调查员根据被访者对词汇量表的评价情况，询问被访者：“为什么您觉得这个词适合用于形容这个城市？当提到这个词的时候，您会联想起什么？”并将访谈内容手写记录下来，由此得到 51 名被访者关于各个品牌个性词汇的 211 条不同的语义联想，再由 5 个旅游管理专业学生组成的研究小组经过翻译、校对、筛选、归纳等文本分析工作，然后拆分和提炼出表示概念及其关系的最简单命题。为了尽量减少命题字数以便更简洁地表现概念之间的关系，命题忽略了原始语料中指代事物的代词（这、那、这里、这个、其等）、表示程度的副词（很、非常、尤其是、太、任何、一切、似乎、好像等）、承接句子结构的助词（虽然……但是、因为……所以、如果……就、又……又、而、也等）、表示语气的虚词（了、啊、吧等）。从上述过程整理归纳出来的命题中，筛选出较多人提及的命题作为具有普遍性或典型性的语境，再提炼出每个语境所反映的若干范畴及其互动关系，从而得到语词的核心语义，由此演绎特定词汇在中国旅游城市品牌个性隐喻中的具体意义。

5.3.1 活力

活力（vibrancy）指一个地方充满生机和能量、不断发展变化、外向乐观、善于接纳外人、充满各种机遇和挑战。这种感觉类似美国赌城拉斯维加斯，因为外国游客对拉斯维加斯感知最突出的因子也是"活力"，（Usakli & Baloglu，2011）尤其是对于外国来华经商者，中国城市经济发达、充满商机，是"冒险家的乐园"。正如欧洲游客对广州的描述："一个人可以坐在广州市中心，想象一下，霓虹灯闪烁的购物广场24小时不停地给中国机械式的工作和花销注入燃料，这不太可能在世界其他地方发生！你也不得不看到，无数的年轻人涌入城市的地铁和大街小巷。如果你在欧洲任何一个地方旅行，你将立即发觉到年龄差距。我们简直就像退休的，而中国却正值青春期，但也容易因年少气盛而受伤。"[①] 又如游客对香港的评价："香港是一个充满能量的地方。永不停歇的节奏、璀璨的灯光、发达的交通系统、没完没了的拥挤。光是体验这些能量就够有意思了。"[②]

图5-2是关于"活力"一词的认知语境图示。圆圈里面的内容表示具体情境，括号里面的内容表示情境对应的主要范畴。"活力的"让入境游客联想到的典型情境有：每个人都很勤劳地工作，年轻人多，生活节奏快、事物变化快，晚上人们在公园或广场跳舞，商业机会多、商店多、很多来自不同国家的人在购物，晚上去酒吧或舞厅玩，长隆乐园很好玩等。具体情境进一步分解和抽象化为若干范畴及其互动关系，就形成了语境。例如，在"每个人都很勤劳地工作"这个情境里，人、工作、强度是构成情境的范畴，它们之间的关系是很多人工作、工作强度大，这几个范畴及其相互关系就构成了关于"活力"的一种语境。多种语境综合起来，高度抽象形成某种共同的意念或情绪，就成为"活力"一词在中国旅游城市品牌个性隐喻中相对稳定的基本意义。

"活力"一词的语境主要包括事物（人、年轻人、公园、广场、商店、酒吧、舞厅、主题乐园）、动作（工作、生活、变化、舞蹈、购物、玩）、强度（勤劳）、数量（多）、速度（快）等范畴，可见，"活力"一词代表

① GOREPART Y. Year：2013. Place：China. status：overwhelmed ［EB/OL］. （2013－09－26）. http：//www. travelblog. org/Asia/China/Guangdong/Guangzhou/blog－808397. html.

② KEN & STEVEN. Hong Kong, China ［EB/OL］. （2012－12－28）. http：//www. travelblog. org/Asia/Hong－Kong/Hong－Kong－Island/The－Peak/blog－763418. html.

的基本意义是事物在特定空间出现某种程度显著较大的状态（如数量较多、速度较快、强度较大等）时使人产生的积极心理反应，尤其是对于欧美游客而言，中国城市人口密集、工作繁忙、商铺林立的景象，让他们感受到中国充满活力。

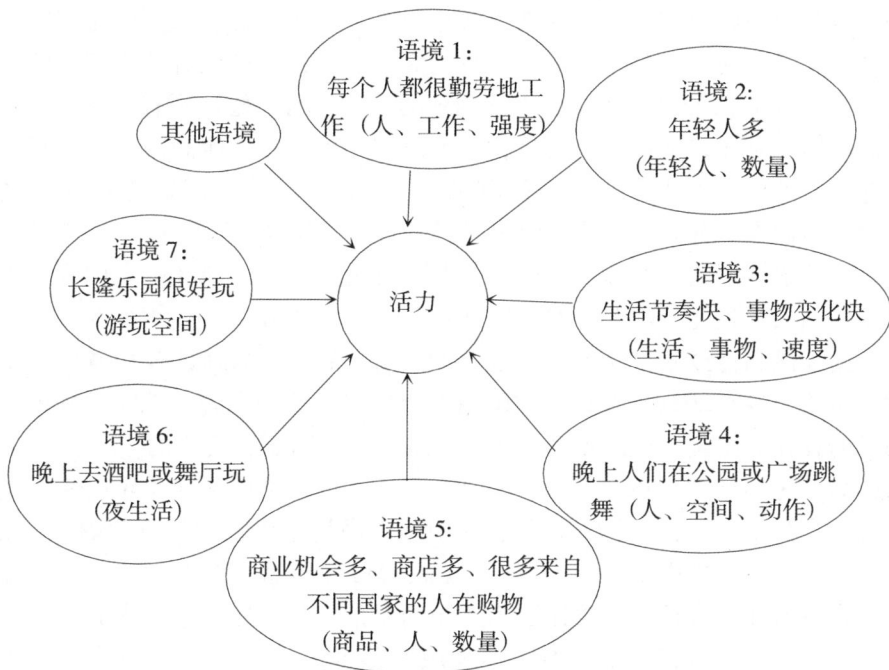

图 5-2 活力（vibrancy）认知语境图示

5.3.2 真诚

真诚（sincerity）指一个地方各项接待服务设施完备、社会安定和谐、待人礼貌、服务周到，使人感觉这个地方很可靠，很有安全感的特质。真诚是一个地方作为成功的旅游目的地不可或缺的个性因素，在多个关于旅游目的地个性的研究中都发现了这个因子的存在，例如，世界热门旅游目的地——土耳其伊斯坦布尔（Sahin & Baloglu，2009）、柬埔寨吴哥窟（Chen，2013）、韩国首尔和釜山（尹太焕，2009）。虽然不同研究中的真诚因子所包含的形容词略有不同，但所表达的意思是相似的，就是与在旅

游目的地感受到服务态度好、待人热情、乐于助人等情景有关。杭州在
"真诚"方面评价最高，一位到杭州旅游的美国游客如此描述："中国随处
可见保安，但中国保安是礼貌的、友好的、乐意帮助外国人找路和拍照片
的"，"一旦我愿意跟他们拍照，便会有一群人跑过来合照，以至于我以为
自己是个明星"。游客在不同城市的游记中表达了他们对"真诚"的理解，
如一个到澳门旅游的新加坡人在博客中所言："澳门看起来对普通游客更
友好，干净的街道和穿梭于各酒店的免费巴士，有点像没有那么拥挤的香
港。"① 一个在广州任教的美国人谈到她的一次经历：她看到有个商店的职
员们在门口做操，觉得有点奇怪，于是决定拍照片，"他们冲着我咯咯笑
和挥手，大声说'Hello'。我喜欢在那里获得中国人的欢迎，当你走过的
时候，他们大部分人很热情地向你问好，对你祝福或微笑。"②

西方语境下的"真诚"近似于中国传统道德中的"诚信"。中国学者
基于中国人视角的品牌个性本土化研究也证实了"诚信"因素的存在，例
如，何佳讯和丛俊滋（2008）发现低涉入消费品糖果品牌具有"诚信"个
性，唐小飞等（2011）在研究中国四大知名古村镇的品牌个性时发现诚信
因子的存在。中国传统道德所指的"诚信"，内涵要比英语的"真诚"丰
富，简言之，指"内诚于心，外信于人"，是中华民族恪守千年的基本伦
理规范。孔子有云："民无信不立。"中国人做生意讲求"和气生财""诚
招天下客，誉从信中来"。"真诚"是旅游目的地品牌个性创建的必备要
素，在旅游体验过程中，要让游客感知到诚信，最关键的是要做到货真价
实、童叟无欺、待客热情。中国不少旅游从业人员利用入境游客语言不
通、人生地不熟等弱点对入境游客进行欺诈或对其言行粗鲁，如出租车乱
收费、机场工作人员态度不友好、酒店服务人员不礼貌等，这些行为都将
对入境游客感知城市"真诚"个性带来较大负面影响。

图 5-3 是关于"真诚"一词在中国旅游城市品牌个性隐喻中的认知
语境图示。"真诚"让入境游客联想到的典型情境有：每个人都微笑，酒
店、餐厅的服务人员态度好，人们做事很认真，问路时很多人都乐意回
答，城市规划好，交通便利，适合做生意等。可见，"真诚"一词的语境

---

① LIN J. Zhuhai-Macau［EB/OL］.（2013－12－11）. http：//www. travelblog. org/Asia/Macau/
Macau/blog－818821. html.

② NIKKI & GREG. 2nd and 3rd week in Shunde, Daliang［EB/OL］.（2013－09－22）. http://
www. travelblog. org/Asia/China/Guangdong/Guangzhou/blog－808368. html.

源自当地居民、服务员、表情、态度、城市规划、交通、商务等范畴，核心语义是某种待人友善的态度。在中国旅游城市的隐喻中，"真诚"尤其指因当地接待服务设施完善、产业经济发达、当地人待客友好而产生的适合在此旅游或工作的感觉。

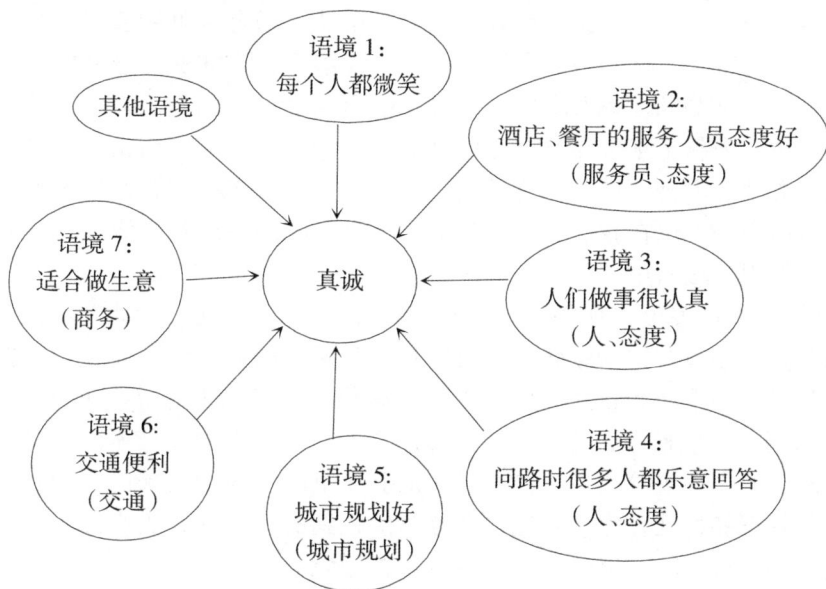

图 5 - 3　真诚（sincerity）认知语境图示

5.3.3　现代

现代（contemporary）指一个城市经济发达、社会繁荣、不断追赶时代潮流的特质。改革开放三十多年来，中国经济发展取得举世瞩目的巨大成就。2010 年，中国超过日本，成为世界上仅次于美国的第二大经济体，是全世界的制造业中心，中国的经济发展足以牵动全世界的神经。外国人来到中国，看见一栋栋时尚新颖的高楼大厦拔地而起，地铁和公交等公共服务设施日臻完善，酒店、餐厅、商场设施先进，晚上灯光璀璨的城市夜景，这极大地颠覆了他们对中国城市传统落后面貌的旧认知，以及西方媒体所描绘的"妖魔化"形象。正如游客在对上海的评价中写道："上海是世界的金融中心，整个城市令人惊叹，非常干净和现代化，看起来就像一部科幻电影。"①

但是，"现代"的内涵是两面性的，有人赞叹现代化发展的辉煌成就，有人却看到现代化背后的种种弊端。必须指出，对"现代"的正面认知夹杂了一些负面因素，由于中国区域发展不平衡，发达地区越是现代化的景象，越衬托出欠发达地区的落后。正如一些外国游客所言："人们可以非常善良，乐于助人，有文化和有魅力，但在某一场合也可能表现出令人震惊的一系列行为。这个国家在传统上仍非常落后，正如贫富悬殊的文化反差。"② 另一名欧洲游客则指出："关于中国我最喜欢的是，众多简单对立融合一体，为新千年世界的改变提供压倒性证据，诸如贫与富、未来与中世纪、激动与沮丧、进步与退步等。所有这些对立被 15 亿人一天天地协商、再协商，无论在我们熟知的北京、上海，还是在广州、深圳这样有待西方人发现的城市里。"③

图 5-4 是关于"现代"一词的认知语境图示。"现代"让入境游客联想到的典型情境有：高楼林立，人们衣着时髦，商业繁荣，新技术、新产品，公交车很干净和新式，城市干净、绿化好，灯光璀璨等。可见，"现代"一词主要包括人、建筑设计、民众衣着、商业发展、技术、产品、公共设施、城市景观等范畴，核心语义是上述范畴所表现出来的与现在相关的某种状态和特征，也就是说，当游客接触到的人或事物表现出与当代价值观一致的特征时，就会产生"现代"的感觉。

① PRITCHARD, S. Carbon copy [EB/OL]. (2013-05-04). http://www.travelblog.org/Asia/China/Shanghai/Pudong/blog-781576.html.

② JAY S. Wrapping it all up in China [EB/OL]. (2013-06-11). http://www.travelblog.org/Asia/China/Shanghai/blog-790653.html.

③ GOREPART Y. Year: 2013. Place: China. status: overwhelmed [EB/OL]. (2013-09-16). http://www.travelblog.org/Asia/China/Guangdong/Guangzhou/blog-808397.html.

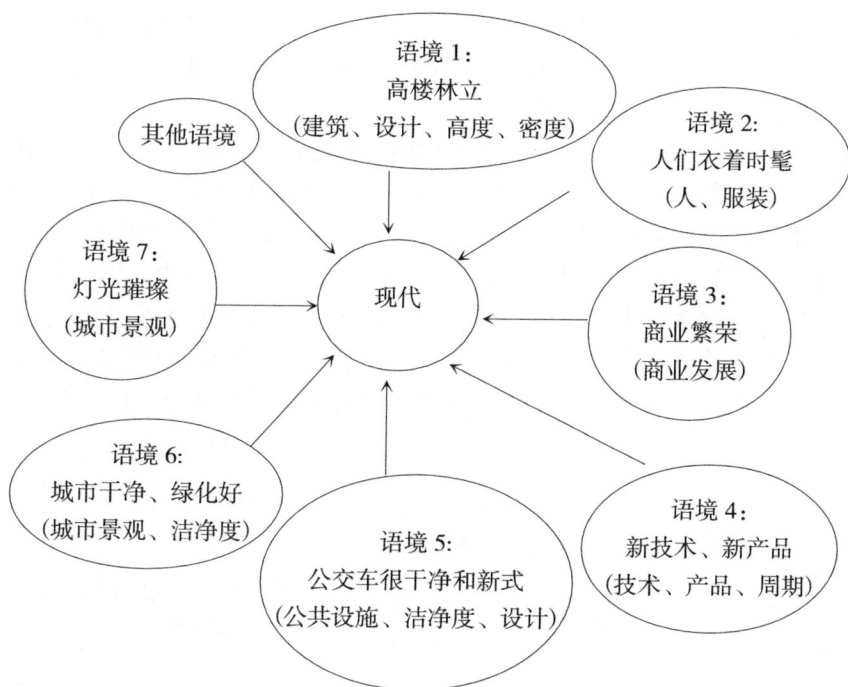

图 5 - 4　现代（contemporary）认知语境图示

5.3.4　文化

　　文化（culture）指一个地方及其居民拥有的独一无二的精神层面的特质，这是本研究发现的与以往文献不同的因素，反映了中国城市独有的内在气质。城市是一个国家文化的主要载体，外国人一般通过建筑、街区、历史文化遗迹、饮食、风土人情等感受一个地方与众不同的文化。本书所研究的热门旅游城市，均是历史悠久的文化名城，如北京、上海、广州、杭州等，外国游客来到这些城市，能感受到一种浓郁的文化氛围，这点可以与世界其他城市和地区相媲美。正如一个美国女性游客在博客中所言："北京是启动我们旅程的最佳城市，它在很多方面呈现出我想看到的中国：深厚的历史、极好的景致、美味的食品、奇妙的寺庙、有趣的建筑。经过一天北京探索之旅后，你会毫无疑问地认为你就处于国家的中央，不像中国某些城市，会吸引你的想象力去联想一些更全球化但缺乏根基的现代都市。"① 这说明，类似北京、西安这样的中国历史文化名城，具有世界上其他城市无法与之相比较的鲜明个性。

图 5 - 5 是关于"文化"一词的认知语境图示。"文化"让入境游客联想到的典型情境有：长城、故宫、古镇、博物馆，建筑的艺术气息浓郁，锦绣中华、民俗村，特色饮食很有传统文化，城市管理井井有条，人们在公园跳舞，工艺品等。可见，"文化"一词虽然是抽象概念，但人们通过建筑、景点、饮食、生活习惯、工艺品等浓缩了地方特色的实物载体感受到"文化"的存在，从这个角度来看，"文化"代表的核心语义是游客对一个城市的意识形态的高度概括，这种归纳通常依托具象或实体而存在。

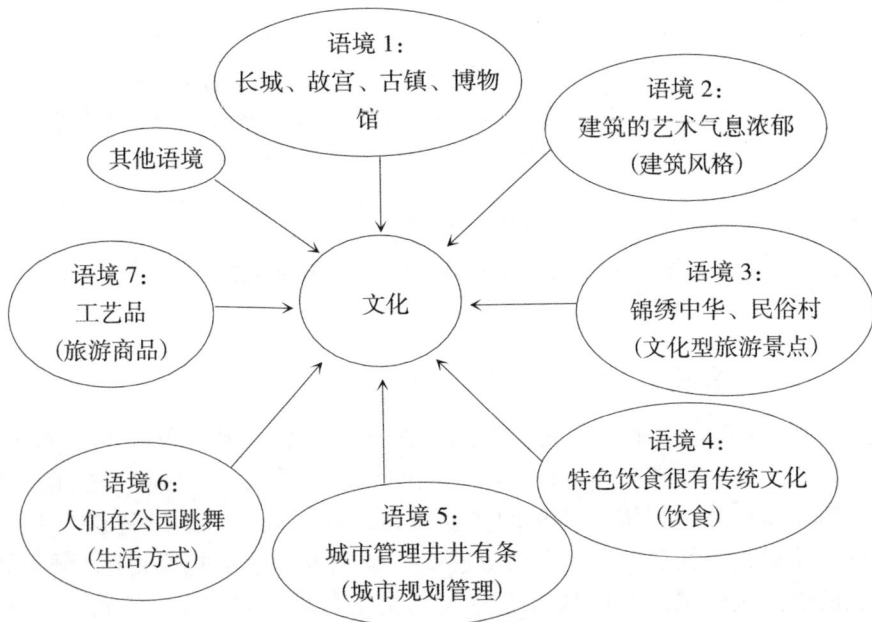

图 5 - 5　文化（culture）认知语境图示

①　JENNIFER. Beijing ［EB/OL］.（2013 - 11 - 16）. http：//www. travelblog. org/Asia/China/Beijing/blog - 810808. html.

5.3.5　粗犷

粗犷（ruggedness）指一个地方在艰难困苦的环境下依然不屈不挠、敢想敢干、锐意进取的意志和精神。"ruggedness"是中性词，并非贬义词，原意指土地的凹凸不平，引申形容男人的外貌特征，粗糙但有魅力，且意志坚强。外国人用这个词形容城市个性，起初源自于对国土幅员辽阔、地处大陆腹地、草原戈壁荒漠等地理特征的感知。"粗犷"之意的典型代表是美国西部的亚利桑那州（美国西部牛仔电影的著名取景地）、非洲东部的肯尼亚大草原（热带野生动植物栖息地），对于中国而言，则应该指内蒙古、甘肃、青海等西北地区。因为大部分被访入境游客来自半岛或岛屿国家和地区，如韩国、日本、中国台湾、新加坡、英国等，他们来到中国大陆，无论是在思维定式还是在实际观察中，都能深刻感悟到粗犷的大陆文明在自然风貌、气候物产、民族性格等诸多方面上的体现，并与精细的海洋文明形成鲜明对比。但是本书调查所得的"粗犷"（ruggedness）一词在当代中国旅游城市的语境下，引申出新的语义，即改革开放三十多年来，中国凭借大胆改革、积极进取的顽强意志，克服经济基础薄弱、人口基数庞大、西方主流言论非议等困难，取得经济社会发展惊人的成就，但中国经济发展的主要力量依靠赚取产业下游微利的出口型加工制造业，粗放式的快速崛起，难以避免地出现环境污染严重、社会贫富悬殊、国民素质落后与物质文明匮乏等负面现象。这种粗犷特质尤其适合形容处在发展中阶段的中国新兴的工业城市。珠三角城市是粗犷特质的典型代表，从过去的传统鱼米水乡，转变为世界制造业基地，工厂园区集聚，外来人口涌入，正如一位在珠海任英文教师的美国人在博客中所言："最让人震惊的是旅途中无休止的城镇化景观，诸如高楼、工厂之类。当然，路上还有丘陵和山地，还有农业，如农田和鱼塘。但城镇化景象从珠海一直蔓延到深圳：看到这些发展之后，我们就不会惊奇于报道所称的珠三角是世界上最大的制造业中心了。"①

图5-6是关于"粗犷"一词的认知语境图示。"粗犷"让入境游客联想到的典型情境有：历史悠久的东亚大陆，工业区，生活艰辛，女人非常努力地工作，中国人随地吐痰、公众场所吸烟、乱丢垃圾、不排队，环境

---

① SETH G. 33 Shenzhen［EB/OL］.（2013 - 06 - 19）. http：//www. travelblog. org/Asia/China/Guangdong/Shenzhen/blog - 791164. html.

污染严重，城镇化过快等。可见，"粗犷"一词的语境源自历史地理、区域功能、生活水平、弱势群体、工作强度、不文明行为、环境保护、城市化等范畴，核心语义是处在发展中阶段的原生态面貌以及克服困难条件下的坚强意志，但在"中国旅游城市"的话语范围下，夹杂了一些对中国经济粗放式发展所付出代价的负面评价。

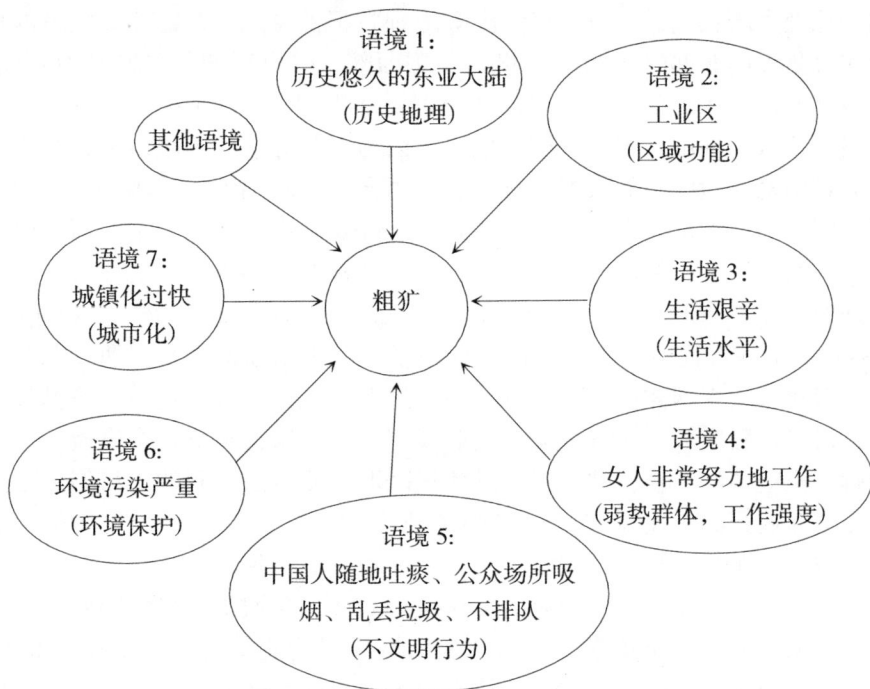

图 5－6　粗犷（ruggedness）认知语境图示

5.3.6　随和

随和（easygoingness）指一个地方令人感觉特别舒适愉悦的特质。具有这种个性的地方尤其适合夫妻、情侣、女性前往。"随和"之意的典型代表城市是法国巴黎，巴黎素有"浪漫之都"之称，让人联想起一个美丽的女子。在中国，则是桂林、珠海、杭州、昆明、厦门之类的城市具有这样的个性。一个外国游客如此评价桂林："桂林不像北京、上海那样繁忙，是一个街道不那么忙碌和拥挤的中等城市。……桂林最出名的是石灰岩山，最好晚上去看，金色、白色的灯光照耀出黑暗中的两座宝塔，灯光闪烁的倒影又在湖面形成两座宝塔，非常神奇。这个地方很适合追求浪漫的夫妇。"① 有的外国游客如此评价杭州："杭州是个很棒的城市，有高档的商店、好的餐厅、优雅的女士，还有著名的西湖。西湖非常美丽，尤其是在春天开花发芽的时候。"② "（杭州）比庞大、动感的大都市上海更容易找到安静沉思的角落。"③ "相比中国其他大城市，杭州的外观和设施更温和。"④ "旅行开始之前，这个城市对我而言只有一个词——'沉醉'。当我围绕着西湖体验各种活动时，这个词一直萦绕在我心里。"⑤ 又有外国游客如此评价厦门鼓浪屿："鼓浪屿真的感觉像一个度假海岛。她曾经是殖民地，保留了大量欧洲建筑和铺着鹅卵石的街道，许多非常漂亮、迷人和高档的小精品店（最多的是巧克力店和茶馆）以及豪华的餐厅酒店。她还有一个小沙滩及各种可以远看厦门高楼的观景点。"⑥

图 5 - 7 是关于"随和"一词的认知语境图示。中国城市的"随和"主要包含以下具体意象：生活节奏慢，人流不拥挤、交通不繁忙，气候宜人，美食，人们喝茶、打麻将，很多鲜花和绿树，中国人容易相处等。可见，"随和"一词的语境体现在生活速度、人和车的数量、气候、食品、休闲活动、城市绿化、国民性格等范畴，核心语义表示某种令人身心愉悦的特征或状态。

①　KAARTHIK J. Of mountains, city and energetic folks of Guilin ［EB/OL］.（2012 - 07 - 30）. http：//www. travelblog. org/Asia/China/Guangxi/Guilin/blog - 732885. html.

②　CHIRON J. Below heaven, There is Hangzhou... but really, really far below! ［EB/OL］.（2013 - 10 - 31）. http：//www. travelblog. org/Asia/China/Hangzhou -/blog - 816960. html.

③　HANNA H. Days of drinking tea ［EB/OL］.（2012 - 07 - 31）. http：//www. travelblog. org/Asia/China/Hangzhou -/blog - 813944. html.

④　WHITE J. Self-culturalization and self-actualization ［EB/OL］.（2013 - 05 - 15）http：//www. travelblog. org/Asia/China/Hangzhou -/blog - 785959. html.

⑤　GREEN M. Leisurely exploring Hangzhou's Lush West Lake ［EB/OL］.（2012 - 07 - 29）. http：//www. travelblog. org/Asia/China/Hangzhou -/blog - 733551. html.

⑥　HELEN T. Gulangyu ［EB/OL］.（2013 - 07 - 28）. http：//www. travelblog. org/Asia/China/Fujian/Xiamen/Gulangyu/blog - 799967. html.

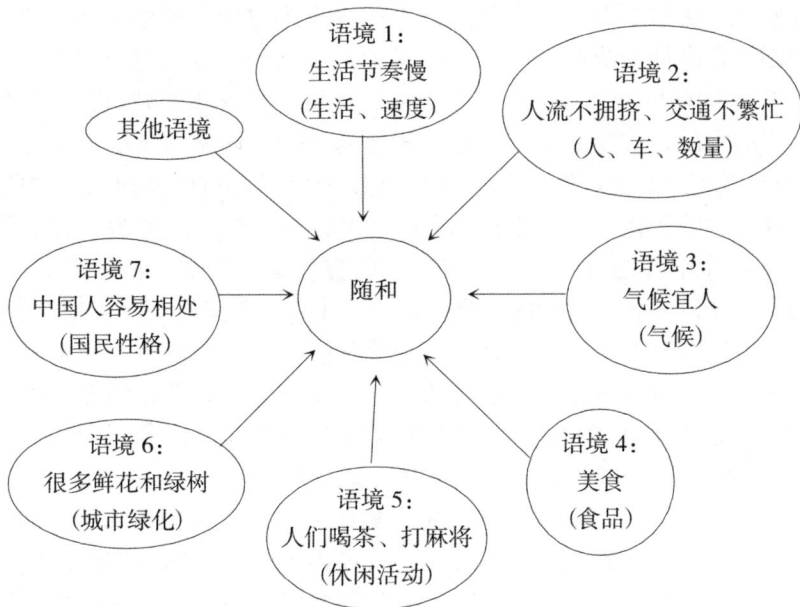

图 5 - 7　随和（easygoingness）认知语境图示

5.4　本章小结

　　本章从认知语言学的角度，根据实证调查阶段的游客深入访谈结果以及入境游客关于中国城市的游记博客得到关于品牌个性词汇的原始语料，深入讨论了中国旅游城市品牌个性构成因子的具体意义和语境，进一步清晰地描绘和合理化解释了外国人对当代中国城市的认知，为目的地营销管理者、语言学研究者、跨文化形象研究者了解当代中国城市品牌个性的现状提供了有用的参考。本章的研究结果说明了以下结论：

　　词语的理解必须依赖相应的语境。词语在不同场域会出现明显的意义变化。当人格特质投射到中国旅游城市时，词语的意义和语境发生了明显变化，在特定的目标域限定下，词语意义内容变得更为集中，更突出地反映了目标域的特点。不同人对词语的语境联想是不相同的，语境越多表示词语的内涵越丰富，通过对情境的抽象化提炼，使之成为若干范畴及其之间的相互关联时，语境呈现出一定的共性和基本规律，由此形成词语最核心的意义。

　　语境决定词语的情感取向。以"ruggedness"为例，它本来是中性词，当语境是"东亚大陆"时，"ruggedness"所表示的意义是草原荒漠等地理地貌的粗犷特征以及大陆人的豪放热情，但当语境是生活艰辛或环境污染时，"ruggedness"变为了一个表示粗放式发展的贬义词。因此，运用特定个性特质进行对外宣传推广时应注意遣词造句和形象引导，避免产生不必要的负面感知。此外，范畴之间的互动关系，也直接影响词语的情感取向，表示积极情感的词语，其语境中必然存在积极关系。例如，数量上倾向于多、速度上倾向于快、规模上倾向于大、视觉上倾向于美等。

　　不同词语的语境之间存在关联。语境是一个复杂而抽象的概念，不同词语的语境之间的关系不是截然分离的，而是相互交错、相互补充的。词义本质是一种认知隐喻，词语不仅本身具有一词多义现象，而且有些看似意义不同的词语，却让人产生相同的语境联想。例如，"建筑"这一范畴，可以让人同时读出"现代""文化""粗犷"；"食品"这一范畴，可以让人同时感到"文化""随和"。这说明，同样的范畴在不同关系下的演绎，会让人产生不一样的心理认知，这也是范畴多面性的反映。

6 旅游目的地品牌个性开发战略：
以广东为例

本章介绍广东旅游品牌个性的构成和具体资源体系支撑，说明广东旅游的品牌标志和宣传口号，分析当代广东旅游品牌的感知个性，应用旅游目的地品牌个性战略模型，探讨广东旅游品牌个性的开发战略。

6.1 广东旅游品牌的投射个性

6.1.1 省域个性特质

广东省旅游管理部门早在 1996 年就开始探索省域旅游品牌形象的塑造，当时面向社会征集广东旅游形象设计、宣传用语和图案标志，精心设计出了以"五彩缤纷广东游"为总体形象宣传口号、以"改革开放万花筒，海滨田园南国风，近代历史名胜地，购物美食乐其中"为宣传内容的省域旅游形象，并于同年将该形象应用于各类旅游宣传推广活动。① 2000年，广东省旅游管理部门进一步提炼省域旅游形象，并在全国省级行政区划单位中率先确立了"活力"品牌体系，即以"活力广东"为核心，以珠三角、粤东北、粤东、粤西"四大美人"为依托，通过打造"广府风、南海潮、客家情、潮汕韵、百越神"五大子品牌（简称"五品牌"），共同表现广东旅游风情万种、魅力无穷的品牌形象，并通过一年一度的"广东国际旅游文化节"对"活力广东"的旅游品牌形象进行集中展示。2008年，广东省委、省政府出台《关于加快我省旅游业改革与发展建设旅游强省的决定》，其中提出了调整版的广东旅游品牌体系，即以"活力广东"

---

① 广东省旅游局. 广东省旅游志［M］. 广州：广东人民出版社，2010.

总体形象为核心，以名城、名人、名山、名寺和广府、潮汕、客家文化为
依托，着力建设"岭南文化、活力商都、黄金海岸、美食天堂"四大子品
牌（简称"四品牌"）。"四品牌"和"五品牌"体系的核心特质没变，都
是"活力广东"，但支撑这一核心特质的子品牌体系随游客消费需求和区
域市场竞争格局的变化而作出了相应的调整。"五品牌"体系主要是基于
旅游资源禀赋而确立的，而且用词更古典、更含蓄、更本土化。而"四品
牌"体系更多的是基于游客消费需求而考虑的，而且表述更现代、更具
象、更国际化。时至目前，上述两种品牌体系仍作为广东旅游对外宣传推
广的核心要旨，被广泛应用到各类广告设计、展会搭建、旅游纪念品设
计、网页设计、宣传资料印刷、区域旅游规划编制等领域。国内一些省市
旅游管理部门将"活力广东"品牌体系作为成功案例进行学习和仿效。

　　本书根据省内主导的旅游宣传推介资料、区域旅游发展规划中关于广
东旅游品牌的论述，将上述"五品牌"和"四品牌"两种品牌体系的内涵
和外延进行重新梳理，整合提炼出更能反映管理部门意志的广东旅游品牌
个性体系，即"六品牌"体系。"五品牌"体系采用"地名+个性"的表
述方式，如"广府"加上"风"，这是采用"互文"的修辞手法，五个短
句中虽然主语不同，但都实指广东，它们之间是相互呼应、相互补充的。
"五品牌"体系比"四品牌"体系所包含的内涵更丰富。"四品牌"中的
"岭南文化"和"美食天堂"相当于"五品牌"中的"韵"；"四品牌"中
的"活力商都"包含了"五品牌"中的"潮"以及广东旅游品牌的核心
个性"活力"；"四品牌"中的"黄金海岸"属于"五品牌"中的"风"
的一部分。此外，新增一个"乐"的个性，代表广东旅游的活力特质和游
客对休闲度假型资源的偏好，反映广东旅游令人"愉悦"的特质。由此形
成如图 6-1 所示的更能完整反映管理部门意志的广东旅游品牌个性体系，
包括风（风采）、韵（文化）、潮（现代）、乐（活力）、情（热情）、神
（神奇）6 方面特征。以下对这 6 个方面分别进行说明。

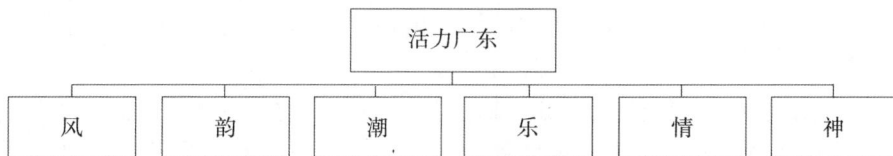

图 6-1　广东旅游品牌投射个性体系

6.1.1.1 风

所谓"风",即风光、风采,比喻人美好的仪表举止。[①] 英文对应意思为 beautiful、charming、leisurely。对于广东的情况,"风"指的是风光优美、悠闲宜人。

广东多山,山地、丘陵及台地面积约占全省土地总面积的 72.8%。丹霞山、西樵山、鼎湖山、罗浮山,并称广东四大名山。广东多峡谷资源,地质地貌雄奇峻秀,以广东大峡谷、北江三峡、西江三峡、湟川三峡最具代表性,目前是观光休闲胜地。广东喀斯特地貌和丹霞地貌旅游资源特色鲜明。喀斯特地貌主要分布在粤西北地区,知名的峰林溶洞景点有连州地下河,英德宝晶宫、碧落洞,英德英西峰林走廊,肇庆七星岩,乐昌古佛岩,怀集燕岩,阳春崆峒岩、凌霄岩等。丹霞地貌主要集中在粤北、粤东地区,代表性景点有丹霞山、乐昌金鸡岭、紫金越王山、龙川霍山、平远五指石等。广东有 8 处国家地质公园,分别是丹霞山、湛江湖光岩、佛山西樵山、阳春凌霄岩、深圳大鹏半岛、封开、恩平地热、阳山。此外,雷州半岛的冲积平原和红土地貌也具有较高的游赏价值。

广东森林生态资源丰富,全省森林覆盖率达 57.3%,位居全国前列。全省共有森林公园 445 处,其中以南岭、天井山、小坑、南昆山、流溪河等为代表的国家森林公园 25 处;以长潭、大北山为代表的省级森林公园 71 处;以白水寨、笔架山为代表的市县级森林公园 349 处。此外,还有车八岭、鼎湖山等森林生态类国家自然保护区 5 处。漂流是森林旅游的重要活动之一,广东是我国漂流旅游项目开发最多的省份,规模较大的漂流景点有 30 多处,比较知名的有黄腾峡漂流、玄真峡谷漂流、古龙峡漂流、清泉湾竹林漂流、五星漂流等。

广东河流众多,水域风光秀美。广东拥有由北江、西江、东江汇聚而成的珠江水系,以及韩江水系和粤东西诸河,水网密集,河湖众多,河源万绿湖、惠州西湖、肇庆星湖、湛江湖光岩、梅州长潭水库等湖泊水库点缀其中,广州珠江游、清远北江游、中山岐江游、东江画廊游是著名的水上旅游项目。

广东海洋资源丰富。广东濒临南海,毗邻港澳,海域辽阔,海岸线长,港湾优越,岛屿众多,环境舒适,大部分海域海水水质符合清洁水质

---

① 阮智富,郭忠新. 现代汉语大词典 [M]. 上海:上海辞书出版社,2009:2431.

标准。全省海岸线长 4 114 千米，居全国首位，沙滩总长 572 千米，可供开发的滨海沙滩有 174 处，岛屿面积 1 500 多平方千米，海岛有 1 431 个，其中面积大于 500 平方米的有 759 个。海水沙滩品质较好的有汕头南澳的青澳湾、惠州惠东的巽寮湾、阳江海陵岛的大角湾、深圳小梅沙、江门上川飞沙滩、湛江东海岛飞龙滩、吴川吉兆湾、汕尾红海湾、茂名水东湾等。全省拥有大小海湾 510 多个，其中适宜建港的有 200 多个，港口资源丰富，沿海分布有南北水路航线和通往东南亚各国的天然航道，是我国大陆与东南亚、中东及非洲各国海上航线最近的省份。

6.1.1.2 韵

所谓"韵"，即韵味，指情趣、含蓄的意味。① 英文对应意思为 elegant、cultural、unique。对于广东的情况，"韵"表示优雅、文化之意，主要指广东历史文化独具地方特色。

广东历史文化博大精深，源远流长，包容并蓄，是岭南文化的精髓和代表。由于远离中国传统的政权中心，广东文化形成了相对独立的文化地理单元，集大陆文化、海洋文化、移民开疆文化、现代文化、近现代革命文化于一体，具有与国内其他省份迥然不同的文化特质。作为文化发祥地之一，广东地区在原始社会时期就有人类活动，在距今 15 万年和 13 万年前就有"封开人"和"马坝人"在广东生息。秦末赵佗在广东建立南越国，龙川赵佗古城旅游区、广州南越国宫署遗址及南越王墓博物馆集中反映了早期的岭南历史文化。诸多历史名人为广东各地留下了宝贵的文化旅游资源，如肇庆端砚、包公祠等蕴含的包公文化，潮汕韩文公祠、韩江、韩山师范学院等蕴含的韩愈文化，惠州西湖等蕴含的苏东坡文化，以及文天祥《过零丁洋》诗中的诸多文化史迹等。中原人南迁的重要驿道南雄梅关古道、广府人寻根问祖和姓氏文化圣地珠玑古巷，是广东移民开疆历史文化再现的载体。广东自古商贸发达，徐闻大汉三墩、阳江南海一号博物馆、汕头南澳一号古商船、黄埔古港、南海神庙、粤海关旧址和广州十三行，均是海上丝绸之路文化的历史见证。

广东拥有独特的地方民俗风情。秦汉之后，大批北方移民从全国各地因战争、经商、饥荒等络绎不绝地进入岭南，在南北民族融合的过程中，广东本土文化不断吸收融合中原文化，形成以广府、潮汕、客家三大民系

① 阮智富，郭忠新. 现代汉语大词典 [M]. 上海：上海辞书出版社，2009：3187.

为代表的岭南民俗文化。广府民俗文化较具代表性的有广州茶楼风情和迎春花市、番禺沙湾飘色、顺德风味美食、中山菊花盛会等；潮汕民俗文化较具代表性的有工夫茶、潮州音乐、潮州话、潮州工艺、潮菜等；客家民俗文化较具代表性的有客家山歌、客家围屋、客家话、客家菜、客家娘酒等。此外，岭南艺术雅俗并茂，如粤剧、南拳、醒狮舞、英歌、赛龙舟等，都反映出异于北方的、独具一格的岭南地方特色。

广东还有独特的饮食文化，素有"食在广东"之美誉。粤菜是我国著名的地方风味流派，主要包括广府菜、潮汕菜、客家菜3个支系。与全国其他菜系相比，粤菜具有选料杂博、博采众长、制作精细、讲究新鲜等特征。飞禽走兽、山珍海味、野菜山花，无不可入肴。广东地处亚热带地区，漫长的海岸线和丰富的山林资源为粤菜提供了丰富的山珍海味和果蔬时鲜，自古对外通商往来频繁，社会经济繁荣，餐饮业兴旺发达，与中国各地及各国烹调文化的交流甚多，使广东的烹调技艺得以不断充实和改善。加上旅居海外的广东华侨众多，又把在欧美、东南亚学到的烹调技巧带回家乡，形成了粤菜集南北风味于一体、融中西烹饪于一炉的独特风格，并在各大菜系中脱颖而出，名扬海内外。

6.1.1.3 潮

所谓"潮"，即潮流，比喻社会变动或发展的趋势[①]，即时尚、新颖、现代之意。英文对应意思为 up-to-date、innovative、contemporary。对于广东而言，主要指广东敢为人先、引领中国改革开放之潮流、社会经济发达、现代化程度高等特点。

广东历来是引领全国风气之先的地方，古代是中国历史上最早的通商口岸之一，近代是中国现代工业和民族工业的发源地之一，改革开放以来，广东在全国率先推行市场经济改革，较早地建立起社会主义市场经济体制框架，成为全国市场化程度最高、市场体系最完备的地区之一。广东经济总量先后超过亚洲"四小龙"的新加坡、中国香港和中国台湾，连续多年居全国首位，奠定了建立世界制造业基地的雄厚基础。2013 年，广东实现地区生产总值（GDP）62 163.97 亿元，占全国比重的 10.9%，人均 GDP 达到 58 540 元（折合 9 453 美元），接近 1 万美元，基本与一个中等发达国家的 GDP 水平相当。

---

① 阮智富，郭忠新. 现代汉语大词典［M］. 上海：上海辞书出版社，2009：1570.

经过改革开放三十多年的发展，广东已成为世界最大的制造业基地，"广东制造"全球闻名。目前广东是全国乃至全球最大的电风扇、电饭煲、微波炉、空调机、电冰箱、热水器、消毒碗柜等家用电器产品的生产基地①。世界主要知名鞋类品牌年产量的60%由广东制鞋企业贴牌生产。此外，广东各地还有各类专业镇，形成了特色鲜明的产业集群，如中山市古镇的灯饰、顺德区乐从镇的家具、东莞虎门镇的服装产业、广州新塘镇的牛仔服、佛山石湾镇的陶瓷、汕头市澄海区的玩具、茂名市怀乡镇的竹编等。

广东商贸会展活动频繁，早在20世纪80年代末就已成为中国三个重要区域展览中心之一。据统计，广东省每年举办的大型会展数量近600个，拥有众多国际知名的会展品牌，其中，广州的中国进出口商品交易会（简称"广交会"）、深圳的中国国际高新技术成果交易会（简称"高交会"）、珠海的中国国际航空航天博览会（简称"珠海航展"），是广东最具规模和影响力的三大名展。

广东城市建设日新月异，形成了时尚的现代都市景观。2013年全省城镇化水平达67.8%，其中，珠三角地区更是高达83.8%，达到世界中等发达国家水平，位居全国各省区市首位。2010年、2011年，广州和深圳凭借举办亚运会和大运会的契机，全面优化提升城市基础设施建设，成为名副其实的国际大都会。拥有2 200多年历史的广州，建成了以广州塔、国际金融中心、花城广场等标志性建筑为特色的新中轴线城市景观。改革开放特区深圳，以深南大道为中轴线，集中了市民中心、地王大厦、京基100、华侨城等地标性建筑，形成了独具魅力的城市景观带。

广东还有设计新颖的创意园区资源。例如，广州的红专厂、信义会馆、太古仓、羊城创意产业园等，深圳的华侨城、田面设计之都、怡景国家动漫基地、南海意库、深圳大学3号艺栈、F518时尚创意园等，佛山的南风古灶创意城等。

广东在高端旅游产品方面亦引领国内潮流，包括高尔夫、游艇、马术等。广东是全国拥有高尔夫设施数量最多的省份，也是高尔夫设施类型最全、设施最完备的省份，全省共有高尔夫球俱乐部102家，数量超过全国总数的20%，其中，观澜湖高尔夫球场以拥有216洞堪称世界最大规模的高尔夫球场。游艇旅游方面，目前全省已有游艇会及游艇码头10个，游艇

---

① 资料来自广东经济和信息化委员会《广东省家用电器工业"十二五"发展指导意见》。

泊位503个，知名度较高的有深圳浪骑游艇会、深圳大梅沙游艇会、深圳湾游艇会、广州南沙游艇会、广州莱茵游艇会等，其中，深圳浪骑游艇会是中国第一家会员制海上游艇俱乐部，也是国内规模最大的游艇会。广东马术是国内马术三强之一，拥有一定数量的马术场、马术俱乐部及马术运动爱好者，广东主要的马术场有广州从化赛马场、深圳港台骑术俱乐部、东莞长安伯乐园马术俱乐部、汕头马术协会等。

6.1.1.4 乐

所谓"乐"，指快乐、兴奋、活力之意。英文对应意思为happy、exciting、vibrant。广东旅游之"乐"，主要表现在主题乐园、休闲娱乐、购物天堂三个方面。

广东是中国主题公园的引领者。早在20世纪80年代，以中山长江乐园为开端，掀起了大型机械游乐园的建设热潮，1989年建成的"锦绣中华"微缩景区成为中国主题公园的里程碑，开启了中国主题公园建设时代。其后，世界之窗、民俗文化村、欢乐谷、航天奇观、百万葵园、东部华侨城、长隆乐园等主题公园相继建成，在国内率先形成了最大、最时尚的主题公园群。

广东拥有发达的城市休闲娱乐资源。各大城市均有酒吧、咖啡馆、茶艺馆、水疗SPA、沐足按摩、KTV、夜总会、棋牌室、保龄球馆、桌球馆等各种类型的娱乐场馆，满足各层次休闲消费人群的不同需求。在酒吧文化方面，广州有环市东路酒吧街、沿江路酒吧街、白鹅潭酒吧街三大酒吧街，深圳有Face、本色、莉莉玛莲等一批全国知名的酒吧品牌。在地方传统曲艺方面，各个城市的戏剧院均会定期或不定期上演各种传统粤剧、木偶戏等节目，为游客提供了丰富多彩的文艺体验。

广东是购物天堂，自古以来便是商贾云集、贸易繁荣之地。广东不仅有广州的北京路商圈、上下九路商圈、环市东路商圈、天河城商圈，深圳的东门商圈、华强北商圈、华侨城商圈，东莞的华南Mall等时尚购物场所，还有各种专业批发市场，如广州芳村茶叶批发市场、站前路白马服装批发市场、中大布匹市场、桂花岗皮具批发市场、海珠小商品批发市场、清平药材市场、花都狮岭国际皮具城、东莞虎门服装城、乐从家具城、肇庆四会玉器城、阳美玉都展销中心、佛山华夏陶瓷博览城等。

6.1.1.5 情

所谓"情"，指热情好客、认真尽职之意。英文对应意思为 hospitable、sincere、responsible。对于广东而言，"热情"主要指广东人热情好客、让游客心里感觉很温暖。广东丰富的温泉资源、四季如春的温暖气候进一步加深了这种情感认知。

广东人的热情好客尤以梅州河源客家地区为代表。客家人素以淳朴、热情闻名，主要表现在客家山歌、客家美食、客家特产、民俗节庆等具体载体中。梅州作为世界最大的客家人聚居地之一，是客家民俗文化保存最完好、非物质文化项目最多、文化传承最持久、客家方言最纯正的地方。

数量众多、接待设施完备的温泉旅游资源是感知广东"热情"的最佳渠道。广东是我国温泉资源最丰富的省份之一，在数量上仅次于西藏、云南，居全国第三位。广东有四个温泉带：粤东温泉带，主要分布在丰顺、潮安、普宁和紫金；粤中南温泉带，主要分布于恩平、台山、龙门、从化、中山及珠海；粤西温泉带，主要分布于吴川、阳江、电白；粤北温泉带，主要分布于曲江、枫湾、小坑、清新、佛冈、英德。近十几年来，广东温泉旅游快速发展，在规划、设计、开发、营销、品牌打造及管理等方面处于全国领先水平，成为广东旅游的重要品牌。截至 2010 年，已经开发的温泉地热有 200 多处，约占全国已开发温泉旅游区总数的 1/3，全省可接待游客的温泉 130 多处，其中开发为集休闲度假、保健游乐、商务会议等为一体的大型温泉旅游风景区 30 多处，每年温泉产业营业收入超百亿元。

气候舒适度也是感知广东"热情"的重要载体之一。广东属于东亚季风区，从北向南分别为中亚热带、南亚热带和热带气候，全年温度舒适，日照充沛，空气清新，降雨充沛，尤其是从 9 月份开始到来年的 4 月份是广东气候最舒适宜人的时候，特别是对来自寒带地区的外国游客而言，广东是理想的暖冬度假胜地。

6.1.1.6 神

所谓"神"，指神奇、粗犷、令人惊叹之意。英文对应意思为 mysterious、rugged、daring。对于广东而言，主要指地处中国南疆、神秘粗犷的百越风情和远古生物遗址。

广东是古代百越民族聚居之地，因地处祖国南海边陲，远离中原，在漫长的历史进程中，形成了独特的百越风情，尤其是在湛江、云浮、茂名等粤西地带，至今仍保留着翻刺床、爬刀梯、穿令、放焰火等百越民族的奇风异俗。广东各地民众均有自己独特的神灵信仰，各行各业均有自己崇拜的神灵。民间神灵信仰内涵非常丰富，具有泛灵化和人格化特征，既有对宗教偶像、自然图腾的崇拜，又有对清官良将、名臣贤士的怀念。例如，出海打鱼的渔民信奉妈祖，沿海各村镇普遍建有妈祖庙（又名"天后宫"）；西江流域一带居民有拜龙母的习俗，最著名的是肇庆德庆龙母庙；雷州人将石狗视为地方保护神，石狗遍布城乡，被用于镇守村庄、农田、巷口、江河、寺庙等地；雷州人将唐代首任刺史陈文玉神格化为"雷神"，并建有雷祖祠敬奉；茂名地区崇拜冼夫人，并在各处修庙建祠，以作奉祀；云浮最具特色的郁南禾楼舞源自对原始农业神禾花夫人的崇拜。此外，各地还有观音诞、北帝诞、关帝诞、波罗诞等神祇信仰。

广东拥有独特的古生物遗址遗迹旅游资源。著名的南雄盆地已发现的恐龙蛋化石分为 14 个种类，约占世界相关种类的 1/3，其中河源发掘恐龙蛋化石 10 000 多枚，成为全国恐龙蛋化石出土数量最多、保护最好的地区之一，目前已建有恐龙博物馆供游客参观。

6.1.2 广东旅游品牌标志

"活力广东"是广东旅游的品牌标志。2000 年广东省旅游管理部门为了树立统一的省域旅游品牌形象，委托专业公司编制完成《广东省旅游局视觉识别系统手册》。该视觉识别系统（VIS）的核心是"活力广东"标志（详见图 6-2）。"活力广东" 4 个字由红色毛笔书法写成，给人热情、温暖、豪放、传统的感觉。"活力广东" 4 个字背后分别镶嵌着 4 个错落有致、颜色各异的半框，既代表了广东高楼大厦林立的意象，又传达了广东是中国南大门、改革开放对外宣传窗口之意。"GUANG DONG" 拼音字母采用卡通形式，字形跳跃，富有动感，寓意广东的勇于创新、活力无限。"Guangdong—Spot of vitality" 的英文规整地排在下面，以稳重的感觉更显得上方元素的跳跃动感。整个标志生动鲜明地表现了广东旅游的充满生机活力、传统与现代并存、文化多元融合的特征。与标志相呼应的是招徕游客的宣传口号，即 "畅游活力广东，体验当代中国"（Touring in vigorous Guangdong, experiencing in contemporary China）。

图 6 – 2　广东旅游品牌标志

6.2　广东旅游品牌的感知个性

6.2.1　入境游客的感知载体

品牌个性是塑造城市特征的表现形式，入境游客在广东旅游过程中目睹耳闻的事物和亲身体验的活动是感知广东各个城市个性的最重要、最直接的载体。

6.2.1.1　游览景点

入境游客对广东旅游城市及景点的到访情况如表 6 – 1 所示。首先，入境旅游流的空间分布呈现不均衡的特征，入境游客的活动范围高度集中在广州、深圳、佛山、东莞、珠海等珠三角城市群内，其中，广州的到访率高达 92.0%，这与广州作为广东的航空中心枢纽的交通区位优势有关。而粤东西北地区的入境游客到访率非常低，比例在 1.3%～4.1% 之间。在旅游景点的到访情况方面，入境游客到访率最高的景点是广州塔，到访比例达 44.5%，堪称广东旅游的标志性景点。此外，较多入境游客前往的旅游景点有北京路、天河城、越秀公园、白云山、上下九路、陈家祠、中山纪念堂、世界之窗、长隆乐园、沙面、南越王墓、烈士陵园、莲花山等。由于广东给入境游客的主要印象是"商业城市"，来这里的入境游客主要参与的休闲活动是逛街购物，这是北京路、上下九路、天河城等大型商贸场所人气较高的原因。而一些资源等级较高的旅游景区，由于交通可进入性的缘故，目前入境游客到访率远未与之相匹配，如世界文化遗产江门开平碉楼、世界自然遗产韶关丹霞山等。

表6-1　广东各地及主要景点到访率

地区	城市	到访率	主要景点及到访率
珠三角	广州	92.0%	广州塔（44.5%）、北京路（30%）、天河城（20.1%）、越秀公园（17.5%）、白云山（16.2%）、上下九路（15.1%）、陈家祠（11.2%）、中山纪念堂（11%）、长隆乐园（9.9%）、沙面（9.3%）、南越王墓（7.6%）、烈士陵园（7%）、莲花山（6.1%）
	深圳	18.8%	世界之窗（10.2%）、锦绣中华（4.4%）、东部华侨城（3.8%）、欢乐谷（5.9%）、大小梅沙（1.9%）观澜湖（1.7%）
	佛山	10.1%	佛山祖庙（3.2%）、李小龙乐园（1.8%）
	东莞	9.0%	松山湖（2.8%）、鸦片战争博物馆（2.3%）
	珠海	7.4%	情侣路及渔女雕像（4.4%）、海泉湾（2.7%）、圆明新园（1.8%）
	中山	5.9%	孙中山故居（3.7%）
	惠州	3.5%	西湖（2.2%）
	江门	3.2%	开平碉楼（1.9%）
	肇庆	2.0%	鼎湖山（1.7%）
粤北	韶关、清远	4.1%	南华寺（2.1%）、丹霞山（1.8%）

（续上表）

地区	城市	到访率	主要景点及到访率
粤东	潮州、汕头、揭阳、汕尾	2.6%	潮州古城（1.1%）
粤西	湛江、阳江、茂名、云浮	1.7%	湛江港湾（0.7%）
粤东北	梅州、河源	1.3%	万绿湖（0.6%）

6.2.1.2　体验活动

　　入境游客的休闲活动参与程度如表6-2所示。入境游客在粤期间最热衷参与的活动是购物，比例高达51.4%；其次是品尝美食，占46.3%；再次是城市观光，占31.0%；其余较多人参与的活动依次为按摩/美容美体、游览历史文化遗迹、夜间娱乐、游览自然生态景点、参观展馆、乡村旅游、主题乐园、乘坐游船/游艇等。入境游客的活动喜好符合城市旅游的基本特征，并与《国家品牌指数报告2012》的结论有相似之处，该报告指出，中国国家品牌在旅游方面表现最佳的两个因素分别是购物和夜生活，分别在世界排名第6位、第14位。而广东旅游的一些其他特色产品，如温泉、海滨休闲、漂流等，入境游客的参与度普遍较低，这与该类产品的交通可进入性不佳、接待服务设施档次不高等因素有关。综上可见，购物、美食、城市观光是构建入境游客对广东城市品牌个性认知的主要媒介，入境游客通过参与这些活动感受到广东城市与众不同的特点。

表6-2　入境游客休闲活动参与度

序号	活动项目	频数（个）	比例（%）
1	购物	574	51.4
2	美食	517	46.3
3	城市观光	346	31.0
4	按摩/美容美体	273	24.5
5	游览历史文化遗迹	207	18.5

（续上表）

序号	活动项目	频数（个）	比例（%）
6	夜间娱乐	173	15.5
7	游览自然生态景点	172	15.4
8	参观展馆	132	11.8
9	乡村旅游	84	7.5
10	主题乐园	83	7.4
11	乘坐游船/游艇	82	7.3
12	观看演出	53	4.7
13	高尔夫	48	4.3
14	温泉	46	4.1
15	节事庆典	41	3.7
16	海滨休闲	41	3.7
17	户外体育运动	32	2.9
18	漂流	21	1.9

注：本题为多选题。

6.2.2 入境游客的感知印象

印象认知指游客对一个地方的整体理性评价，包括正面印象和负面印象两方面。所谓"正面印象"，指能引起消费者积极心理反应的感知，而"负面印象"是能引起消费者消极心理反应的感知。频数分析结果如表6-3所示，广东旅游给入境游客印象最好的地方是食物好吃，好评率达48.8%，其次是气候宜人，占32.3%，再次是住宿设施好，占28.6%。其余好评之处还有物美价廉（25.0%）、交通便捷（21.5%）、有历史文化底蕴（18.8%）、环境舒适（16.2%）、景点有吸引力（15.7%）、干净卫生（12.5%）、休闲娱乐活动丰富（9.7%）等。

广东旅游给入境游客印象最差的地方是语言沟通困难，差评率达48.0%，其次是公共卫生差，占39.4%，再次是环境污染，占35.0%。其他差评之处还有旅游资讯缺乏（17.1%）、市区公众交通不便（15.0%）、旅游从业者服务态度差（13.2%）、指示牌不明（13.1%）、机场旅游服务设施不完善（7.7%）、出入境手续不便捷（7.6%）等。

表6-3 入境游客对广东旅游的认知印象

正面印象	频数（个）	比例（%）	负面印象	频数（个）	比例（%）
食物好吃	581	48.8	语言沟通困难	552	48.0
气候宜人	384	32.3	公共卫生差	453	39.4
住宿设施好	340	28.6	环境污染	403	35.0
物美价廉	297	25.0	旅游资讯缺乏	197	17.1
交通便捷	256	21.5	市区公众交通不便	173	15.0
有历史文化底蕴	224	18.8	旅游从业者服务态度差	152	13.2
环境舒适	193	16.2	指示牌不明	151	13.1
景点有吸引力	187	15.7	机场旅游服务设施不完善	89	7.7
干净卫生	149	12.5	出入境手续不便捷	88	7.6
休闲娱乐活动丰富	115	9.7			

6.2.3 入境游客的感知个性

图6-3是本研究调查所得的关于入境游客对现代广东热门旅游城市的个性感知总体评价，数值是根据李克斯5分尺度评价的平均值，表示入境游客对个性特质词汇的感知强度。结果显示，6个因子的均值分布从3.20到3.44，总体得分偏低，且差距不大，说明大部分入境游客对广东城市的个性特质感知并不强烈，换言之，在入境游客眼中，当代广东城市个性并不十分鲜明。在6个因子之中，"活力"是感知程度最高的个性特质，分值为3.44，这说明广东作为"活力商都"的品牌具有较高的市场认可度，入境游客认为广东是非常适合做生意的地方；其次是"现代"，分值为3.42；再次是"随和"；而"文化""粗犷""真诚"得分较低，分值等于或低于3.35。广东虽然拥有丰富的历史文化资源，但很多入境游客未能深刻感受到"岭南文化"之魅力。作为优秀旅游目的地必须具备的"真诚"，得分却最低，说明广东旅游城市的服务质量仍有进一步提升的空间。

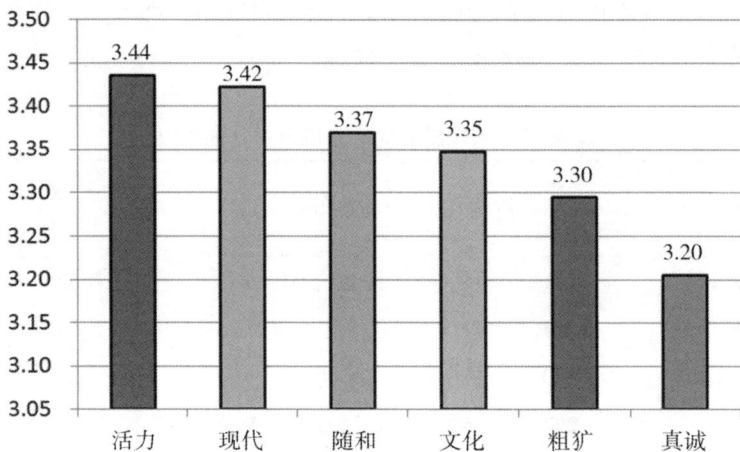

图 6-3　当代广东旅游城市的品牌个性感知

　　广州、深圳、佛山、东莞、珠海、中山是旅粤入境游客最主要到访的城市，占据了 90% 以上的入境客流量，这 6 个城市基本上可以代表入境游客对广东印象的全部。本书整合评价此 6 个城市的样本作为广东城市样本，并与评价香港、澳门及外省城市的样本进行单因素方差分析，结果如表6-4所示。港澳在现代、文化、活力方面尤为明显，外省城市在文化、活力和随和因子上比较突出。相比外省城市，广东旅游城市在"粗犷"特质方面比较明显。

　　粤港澳是中国经济最发达、旅游客源市场规模最大的地区，三地旅游资源丰富，互补性强，具有成为世界一流旅游目的地的发展潜力。澳门是异域风情浓郁、多元文化交融的世界赌城；香港是中西文化荟萃、充满活力的亚洲国际都会；在港澳光环区的影响下，广东目前似乎是粤港澳区域旅游形象感知中的灰度区，广东旅游方面的魅力显得并不十分突出。香港、澳门让入境游客感受到强烈的现代、文化、活力气息，而广东却更多地被视为"粗犷"的加工制造业基地。广东应深入挖掘"粗犷"气质的正面内涵，一方面突出珠三角城市群作为中国新兴工业城市代表的独特魅力，另一方面加大将粤东西北地区神秘粗犷的旅游资源转化为可体验的旅游产品的力度，通过一系列旅游宣传促销活动组合，加强广东旅游目的地与港澳地区差异化的品牌推广。

表 6-4　广东、港澳及外省的城市个性感知对比

	频数	因子 1 活力	因子 2 真诚	因子 3 现代	因子 4 文化	因子 5 粗犷	因子 6 随和
广东	908	3.44	3.20	3.42	3.35	<u>3.30</u>	3.37
港澳	197	<u>3.53</u>	3.20	<u>3.68</u>	<u>3.55</u>	3.29	3.48
外省	394	<u>3.53</u>	3.25	3.50	<u>3.57</u>	3.21	<u>3.50</u>

注：加下划线的数字表示均值明显较高。

　　综上可见，入境游客游历广东，既惊叹于广东庞大的城镇化规模、熙攘的城市人口、发达的商业经济，又钟情于独特的民间建筑艺术、有趣的街市、美味的饮食等。当代广东城市个性是多种简单对立的融合统一，古老与现代、落后与进步、贫穷与富裕、粗犷与优雅，既令人着迷又令人厌恶。现代广东城市让人感到活力、现代等正面特质的同时，也存在着许多不尽如人意之处。正如本研究调查结果所示，工业区规模庞大、城镇化过快、环境污染严重、公共卫生不佳、人们不文明举止、旅游从业人员服务不亲切等问题使广东距离世界一流旅游目的地仍有相当大的差距。改革开放以来，以珠三角地区为首的城市群经济高速发展，在物质生活水平方面接近中等发达国家水平，但国民的精神文明滞后于物质文明的发展，这是产生各种矛盾对立的根本原因。随着经济、社会发展的不断深化，各种思想意识、物质进步激烈地冲击着古老的中国文明，中国在积极追逐世界的步伐，但传统文明的强大向心力，不断地与之形成博弈和制衡。入境游客对这些矛盾冲突的心理感知也是复杂的，既有困惑、反感，又有惊讶、赞美，有人甚至感觉有趣。面对各种旅游体验过程中普遍存在的鲜明冲突，每个来华入境游客都经历了类似的心理冲击，并由此形成自己对中国的独特感悟，这恰恰是当代中国旅游的魅力所在。

6.3 广东旅游品牌个性塑造战略分析

从旅游管理部门角度来看，投射个性主要基于旅游资源在地理空间上的分布差异而确立，属于资源导向的思考，省域旅游形象与城市旅游形象之间具有空间层次关系，城市旅游形象是省域旅游形象的支撑体系，而省域旅游形象则是对各个城市旅游形象的综合概括。但从入境游客实际认知角度来看，省域旅游形象不是城市旅游形象的简单相加，区域旅游形象感知遵循格式塔心理学（Gestalt Psychology）原理，即整体大于部分之和，事物的整体决定事物的结构和状态。整体性和简单化是人类认知思维的倾向，人们习惯于对纷繁复杂的具体事物进行简单化、抽象化、象征化处理，最后形成对特定范畴的一般性认知，以便于大脑储存记忆。所以，省域旅游形象主要由入境游客到访过的少数几个印象深刻的旅游城市所决定，换言之，少数几个重点旅游城市将为省域旅游形象贡献大部分的个性特质。这是管理部门主导推广的旅游品牌个性与游客实际感知的旅游品牌个性存在差异的主要原因。

旅游管理部门需要确立一个既能客观反映目的地自身特征，符合游客对目的地实际感知的品牌个性，在把握投射个性和感知个性的基础上，目的地品牌化战略的关键就是缩小这两者之间的差异。管理部门应通过游客感知调查，测量游客对目的地个性的真实感知，并与投射个性进行对比分析，从而得到调整品牌战略的参考依据。两者之间的差距直接表明管理部门计划塑造的形象是否被游客正确感知。如果差距较大，说明管理部门实施的品牌化活动并未达到预期效果，管理部门需要重新调整品牌定位以适应游客的感知，或改进品牌标识系统及相关促销推广活动，引导游客对目的地的正确感知。

管理部门计划推向市场的广东旅游品牌个性，依据管理者认为的重要程度从高到低依次是韵、乐、风、潮、情、神。国内旅游管理部门一般认为文化（韵）是旅游的灵魂，因此"韵"是品牌个性中的首要因素。入境游客的实际感知个性依据感知程度从高到低依次为活力、现代、随和、文化、粗犷、真诚。对比两者的内涵可见，"韵"相当于"文化"，"乐"相当于"活力"，"风"相当于"随和"，"潮"相当于"现代"，"情"相当于"真诚"，"神"相当于"粗犷"，详见表6-5。

表6-5 广东旅游的投射个性与感知个性

投射个性	对应关系	感知个性
韵	↔	文化
乐	↔	活力
风	↔	随和
潮	↔	现代
情	↔	真诚
神	↔	粗犷

为了进一步比较两者之间的差距，本研究进行了定量对比分析。投射个性列的数值表示旅游管理部门在宣传推广时的重要程度排序，"1"表示排名第一，重要性最高，"2"则次之，依次类推，该数值根据笔者实际工作经验及与旅游管理部门相关人员访谈得到。感知个性的数值表示游客实际感知的程度强弱，"1"表示排名第一，感知程度最强烈，"2"则次之，依此类推，该数值根据本书的调查数据得到。差距值表示投射个性重要程度与感知个性认知强弱之差。负值表示投射个性强于感知个性，说明游客对该个性感知不强，管理者应该要加强这方面个性的塑造；正值表示投射个性弱于感知个性，说明游客对该个性感知较强，管理者应该考虑将这方面个性放在宣传推广的优先位置；零表示投射个性与感知个性一致，管理者对该因子只需要维持现有的推广力度。投射个性和感知个性的对比结果如表6-6所示。差距值出现负值的是"韵（文化）"和"情（真诚）"因子，其中，"韵（文化）"因子是旅游管理部门认为最重要的，但游客的实际感知度却较低，差距值达-3，"情（真诚）"因子的差距值为-1，说明管理者应加强"韵（文化）"和"情（真诚）"的个性塑造，深化游客对该个性要素的实际认知。"潮（现代）""乐（活力）"和"神（粗犷）"因子的差距值为正值，分别为2、1、1，说明管理者应相应地调高这些因素在对外宣传推广中的顺序或位置。"风（随和）"因子的投射和感知程度比较一致，差距值为"0"，说明管理者只需要维持对该因子现有的推广力

度。综上可见，除了"风（随和）"因子之外，广东旅游的投射个性和感知个性之间存在显著差异。旅游管理部门要重点加强"韵（文化）"和"情（真诚）"这两方面特质的塑造。同时将"潮（现代）""乐（活力）"和"神（粗犷）"因子提前到优先位置进行对外宣传。

表 6-6　投射个性重要程度与感知个性认知程度的对比分析

	投射个性	感知个性	差距值
韵（文化）	1	4	-3
乐（活力）	2	1	1
风（随和）	3	3	0
潮（现代）	4	2	2
情（真诚）	5	6	-1
神（粗犷）	6	5	1

　　"韵（文化）"是广东旅游独有的魅力，资源丰富，博大精深，但由于目前的产品建设相对滞后，缺乏可供游客深度体验岭南文化的载体，导致游客实际感知与管理者品牌定位之间存在较大差距。入境游客主要通过购物、美食、城市观光等活动来认知广东的地方文化，这种走马观花式的游览所能感知到的只是肤浅的表象。关于广东文化的深层次元素，如百越民俗文化、华侨文化、近现代革命文化等，需要通过主题博物馆、旅游景点、文化解说系统、宣传影片、摄影作品等载体化工程更生动具体地展现在游客面前。

　　"情（真诚）"因子对于广东旅游城市品牌而言，仍有很大的提升空间，值得旅游管理部门重点深化和拓展。广东经济外向度较早，第三产业起步较早、比重较大，广东旅游服务以诚待人的特色原本一直在全国享有较高知名度和美誉度，但目前影响广东"真诚"个性感知的问题不是出在旅行社、酒店、景区等狭义旅游业内，而是出在与旅游相关的其他行业上，例如机场、火车站、出租车、商场、餐厅等。广东旅游管理部门应在上述涉旅公众场所加强中英文双语标识系统建设，在人流密集地段设立提供地图、指南手册、各类旅游接待设施广告的旅游资讯点，提高公共厕所清洁卫生标准，加强对机场工作人员、出租车司机、商店售货员、餐厅服务员等涉旅从业人员的基本英语会话能力和服务礼仪培训，通过消除语言沟通障碍、提高待客服务质量，提升广东旅游的整体服务水平。

　　"潮（现代）"是广东旅游城市品牌个性当中的重要特质。广东是中国现代化的发源地之一，各地城镇化建设的斐然成就赋予了广东城市现代化的气息。广东旅游的现代特质，不仅表现在摩天大楼群及高塔形成的城市天际线景观上，还体现在先进制造工业、国际商贸会展、城市规划建设、创意产业园、高端旅游等多个方面。在入境游客眼中，上海、香港是最具现代气质的中国城市，这与上海、香港曾经是外国租界、与西方接轨的现代化进程起步较早的历史基础有关。相比而言，广东的现代气质更多地体现了地方传统文化的特点，传统文明的强大向心力，不断地与西方普世价值观主导下的现代化进程进行博弈和制衡。广东旅游城市品牌个性应重点宣传传统与现代和谐交融的特质，让游客通过矛盾冲突的心理感知，体验广东旅游的独特魅力。

　　"乐（活力）"是广东旅游品牌的核心特质，并被旅游管理部门沿用已久。改革开放早期，广东作为全国改革开放排头兵和试验田，社会、经济、文化等方面迸发出勃勃生机，但随着近年来国内其他城市经济发展步伐的加快，广东的活力因子相比上海、香港等地却显得不那么突出，甚至还有被其他省区市超越之势。广东旅游管理部门一方面应考虑调整"活力广东"的品牌战略，深入挖掘广东旅游在新时期出现的新特征，赋予"活力"新的意义诠释或挖掘其他更能代表广东旅游城市特点的品牌个性。另一方面，广东旅游管理部门应加强与"活力商都"品牌相关的基础设施建设和服务质量提升，具体措施包括：完善大型商贸经营场所的旅游公共服务设施，推动商业批发市场和商业步行街创建国家 A 级旅游景区，创造条件建设一批世界品牌商品折扣店、"广货"直销店、旅游免税购物商店等，促进广东庞大的商务客流向旅游客流转化。

　　"神（粗犷）"是投射个性与感知个性语义相同，但感知内容存在较大语义差异的因子，旅游管理部门希望投射的是对神秘粗犷的百越风情和远古生物遗址的宣传，但入境游客感知到的却是珠三角新兴工业城市的粗放式快速发展。管理部门应着重在以下两方面进行深度挖掘：一方面加大将粤东西北地区的百越民俗、少数民族风情等神秘粗犷的旅游资源转化为可体验的旅游产品的力度；另一方面突出珠三角城市群作为中国新兴工业城市代表的独特魅力。目前能体现广东旅游粗犷个性的自然资源主要集中在交通不便的粤东西北地区，如世界遗产丹霞山、北江三峡、乳源大峡谷、千年瑶寨、雷州石狗、河源恐龙遗址等。广东旅游宣传资料的设计制作应增加上述题材的影像和文字，强化入境游客对"神奇广东"的正面形象感知。为了吸引更多入境游客领略广东百越民俗的神秘风情，相关管理部门应健全粤东西北地区的城市公共服务设施，加大广州、深圳至粤东西北地区廉价支线航班的开发力度，并完善旅游交通接驳体系，全面提高广东知名自然人文名胜的入境游客到访率。此外，以深圳为首的珠三角城市群，经过改革开放短短三十多年，取得令人瞩目的经济社会发展成就，虽然存在负面认知，但这也是城市发展特定阶段中的独特景观。为了让入境游客更好地体验这种"粗犷"特质，管理部门和相关社会团体可研发类似德国"莱茵河奇迹"、韩国"汉江奇迹"的文化解说内容，开发当代中国城市工业化进程徒步游线，设立城市发展博物馆，保护性改造能见证当代城市发展轨迹的历史性街区和工业遗址，升级开发20世纪90年代初期热销一时的"特区游"产品。

6.4　本章小结

　　旅游管理部门计划推向市场的区域旅游品牌与游客实际感知的区域旅游品牌之间存在差异。广东旅游管理部门计划对外宣传的投射个性依次包括韵、乐、风、潮、情、神六个方面特质，而入境游客实际感知的个性强弱分别为活力、现代、随和、文化、粗犷、真诚六个维度。管理者推崇的投射个性与游客实际的感知个性存在较大差异，目的地管理部门实施品牌化战略的关键是尽量缩小投射个性与感知个性之间的差异，开发与潜在游客实际认知相匹配的品牌标志及营销活动组合。旅游管理部门要重点加强"韵（文化）"和"情（真诚）"特质的塑造，并将"潮（现代）""乐（活力）"和"神（粗犷）"因子放到优先位置进行对外宣传。

　　品牌个性是相对的概念，在不同空间层次、不同时期进行比较，可能存在较大差异。例如，深圳在广东省内的品牌个性是创意、时尚，但在全国范围内的对比中却显得粗犷。另外，20世纪90年代至21世纪初，广东引领改革开放之风潮，经济发展速度位居全国首位，当时广东的"活力"特质在全国城市中引人瞩目，随着近年来其他省区市后来居上，目前广东的活力特质渐渐被上海、香港等地超越。

7 结论和讨论

本章内容是对全书的研究结论、研究创新、管理启示、研究局限与研究展望的总结和归纳。

7.1 研究结论

基于上述各章的分析结果，得出关于广东入境游客对中国旅游城市品牌个性感知的以下结论：

结论一：中国旅游城市品牌个性构成因子确立。基于入境游客的视角构建了适用于评价中国旅游城市的品牌个性因子结构，并通过信度分析、结构方程分析等方法，验证了该因子结构具有较高的可信性和稳定性。中国旅游城市的品牌个性是一个复杂的多维度结构，由活力（vibrancy）、真诚（sincerity）、现代（contemporary）、文化（culture）、粗犷（ruggedness）、随和（easygoingness）六个构面组成。

结论二：不同国家和地区的游客对中国旅游城市个性的感知存在显著差异。儒家文化区对粗犷、随和相对评价较高，西方文化区对活力、文化、现代因子感知较显著，东南亚文化区对中国城市个性的评价普遍不高，伊斯兰文化区对真诚、现代、文化因子比较认可，南亚文化区对真诚和现代因子评价很高，俄罗斯文化区对除随和因子之外的其他因子都评价很高。可见，地域文化背景是影响入境游客对中国旅游城市感知差异的重要因素。

结论三：入境游客眼中的中国各个旅游城市存在显著的个性差异。上海、深圳、香港的活力因子最显著，杭州在"真诚"方面受评价最高，上海、香港的现代因子最突出，杭州、桂林、北京、昆明、西安、香港、澳门的文化因子最浓郁，深圳的粗犷因子最显著，桂林、昆明、厦门、珠海、杭州的随和因子最鲜明。而广州、东莞、佛山的城市个性相对不明显。

结论四：品牌个性构成因子在中国旅游城市的场域中产生了词义和语境变化。本书探讨了中国旅游城市品牌个性构成因子的具体意义和语境，还原各因子在实际旅游情境中所代表的具体意思，证实了人格特质投射到中国旅游城市这个领域后，词义和语境发生了明显变化。通过对每个构成因子的进行认知语境分析发现：词义理解必须依赖语境，语境决定词语的情感取向，不同词语的语境之间存在相互关联。

结论五：以广东旅游为案例，探讨了品牌个性战略在旅游目的地品牌管理上的实践应用。旅游目的地品牌化战略决策就是缩小本体个性、感知个性、投射个性三者之间差异的过程，其中，投射个性与感知个性相互契合至关重要。广东旅游管理部门应以游客的非功用性需求为导向调整品牌化战略，重点加强"韵（文化）"和"情（真诚）"特质的塑造，并将"潮（现代）""乐（活力）"和"神（粗犷）"因子放到优先位置进行对外宣传。

结论六：外国人感知的中国城市形象，一定程度上是文化背景、价值观、宗教信仰、知识能力等主观因素投射到中国城市域上的心理表征。当代中国旅游城市的总体个性是以"活力"和"现代"为首的，文化、随和、粗犷、真诚等多种特质并存的多元融合体。纵观从古至今两千多年的历史发展进程，外国人眼中的中国城市个性大体经历神秘的伊甸园传说、崇敬的乌托邦想象、矛盾的多元集合体、活力的现代化崛起四个阶段。

7.2　研究创新

本书关于广东入境游客对中国旅游城市品牌个性感知的研究在管理学、认知语言学、历史学三个方面有以下创新。

创新一：关于旅游目的地品牌管理研究领域的创新。本书不仅构建了入境游客对中国旅游城市品牌个性感知的基本框架，而且比较了不同群体、不同城市之间的感知差异。从而说明了人格特质理论同样适用于中国旅游城市的研究领域，证实了不同国家和地区的游客对中国城市个性感知存在显著差异。本书在中国旅游城市品牌个性感知维度开发构建及比较方面填补了现有研究的空白。

创新二：关于词汇心理认知研究领域的创新。本书采用游客面对面访谈、博客游记文本分析等质性分析方法，将认知语言学中的隐喻理论和语境理论应用到特定群体的具体语言现象当中，构建了入境游客评价中国城市个性的词汇语料库，从中归纳整理出入境游客对中国旅游城市品牌个性构成因子的具体认知语境，探明了词语在特定隐喻中的真实意义。

创新三：关于域外中国城市形象纵向研究领域的创新。本书通过文献精读梳理了古代、中世纪及文艺复兴时代、近代三个历史时期来华外国游客眼中的中国城市形象，并结合本书开展的抽样调查分析结果，得到当代中国旅游城市的品牌个性构成因子，从而提炼出 4 个不同时期外国人对中国城市个性的感知因子。基于游客的视角得出的结论，不同于以往政治外交、国际关系、比较文学领域对中国形象的评价，游客视角更接近事物的真实影像。这在一定程度上填补了中国城市形象纵向研究的空白。

7.3　管理启示

本书的研究成果主要应用于旅游目的地品牌管理的实践中，对于旅游目的地管理者而言，本书的研究成果提供了以下四个方面的启示：

启示一：品牌个性的六个维度代表入境游客对中国旅游城市感知的共性。相关品牌化活动应强化这六个方面共性的认知。管理者可以此作为参照体系，实施差异化营销战略，挖掘自身独一无二或优于他者之处，塑造独具个性的品牌形象。根据不同国家或地区游客对中国旅游城市个性的感知差异，管理者可开展细分化营销活动，针对不同客源市场主推不同的品牌形象。

启示二：品牌个性是对品牌形象的高度整合和凝练，是对旅游目的地与个人情感相通因素的隐喻映射。旅游目的地的品牌化战略应以个性为基础开展一系列的营销实践活动，建立营销活动与品牌个性之间的关联，加强营销活动与潜在游客之间的情感和精神互动。目的地管理部门实施品牌化战略的关键是缩小管理者推崇的投射个性与游客实际的感知个性之间的差异，开发与潜在游客实际认知相匹配的品牌标志及营销活动组合。

启示三：选用特定个性词语作为品牌宣传口号，必须深入考虑该词所代表的具体意义和语境，而不是简单地根据字典里面的解释或个人的主观理解。塑造品牌个性的一系列营销活动，如形象标志设计、宣传海报设计、形象代言人委任、展览展台搭建、促销活动策划、媒体报道等，应该准确地向受众传达品牌个性语义，开展具象化的营销活动，从而使宣传推广活动达到"直指人心"的效果。

启示四：中国旅游城市品牌个性的六个维度，构建和提升了入境游客对产品的体验价值。确立旅游目的地的品牌个性，相当于赋予一个地方"旅行的意义"，或者说为一个地方的旅游产品指派了具体的象征符号，这不仅有助于游客在纷繁复杂的陌生世界中发现秩序和分类，从而减少在异地短暂逗留而容易产生的焦虑和不适，而且可以构建目的地和游客之间相对持久的情感联系。这种联系能激发游客对目的地的普遍性消费需求，提升游客对旅游产品的体验价值。在具体宣传促销活动中，旅游管理者可围绕中国旅游城市品牌个性的六个构面，通过图片展示、品牌设计、媒体策划、宣传片制作等手法，实现游客与目的地之间情景共鸣。

7.4 研究局限

本书在广东入境游客对中国旅游城市品牌个性感知的研究中存在以下三方面的局限，今后的研究需要在以下方面提高和完善。

局限一：调查的局限。虽然本研究的抽样样本基本能代表广东入境游客总体的情况，且对全国入境游客总体具有80%以上的代表性，但由于抽样调查不可避免地存在一定的随机性误差，不同抽样方法所得到的入境客源结构也不一样，因此，在抽样方法、抽样地点、抽样时间、问卷语种等方面仍有进一步改进的空间。例如，抽样地点可增加北京、上海、西安、桂林等外国人到访率较高的传统旅游城市，抽样场所可增加港口、铁路、陆路等其他类型的口岸，问卷设计可增加马来语、泰语、越南语、法语、德语、西班牙语、意大利语等小语种版本，通过更全面的抽样调查以获取更具代表性的样本。

　　局限二：样本的局限。来华入境游客来自世界各地，但本研究使用的样本大部分是亚洲游客，要增加国家或区域对比分析、不同旅游城市对比分析的可信度，应进一步增加相应国家或地区的样本数量。

　　局限三：史料的局限。现有的从古至今关于外国人看中国的史料大部分出自传教士、汉学家之笔，普通游客视角的史料可能散布在各类外文报刊、书信、回忆录里，更全面的历史资料有待进一步挖掘和整理。

7.5　研究展望

　　根据本书所取得的关于广东入境游客感知中国旅游城市品牌个性的研究成果，结合本书的研究局限，以下主题可作为未来延展研究的方向。

　　延展研究之一：研究特定类型的旅游城市个性差异，基于本书所开发的中国城市个性量表，根据旅游城市的类型划分对城市个性特征进行分类比较，如观光型旅游城市和度假型旅游城市、山地型旅游城市和滨海型旅游城市、东部沿海发达城市和中西部内陆欠发达城市等。

　　延展研究之二：研究旅游目的地品牌个性战略决策机制，探讨不同利益相关者如何协同构建目的地品牌个性，阐明不同空间层次的品牌个性之间的互动关系。

　　延展研究之三：研究跨文化语境下的词义变化与差异，基于语言习惯、宗教信仰、价值观体系等不同文化背景，比较不同游客对特质词汇的语义认知。

附录一　调查问卷

问卷1：中国旅游城市品牌个性调查问卷简体中文版

中国旅游城市品牌个性问卷调查

> 您好！我们正在开展入境游客抽样调查，以便更好地为您提供旅游服务。非常感谢您对我们工作的支持！
>
> 2013 年

1. 这次到广东的主要目的是什么？ 单选
   - □（1）观光游览
   - □（2）休闲度假
   - □（3）探亲访友
   - □（4）商务/公务/会议
   - □（5）教育培训
   - □（6）文化体育科技交流
   - □（7）健康医疗
   - □（8）宗教朝拜
   - □（9）转机/换乘
   - □（10）其他_____
2. 包括这次旅行在内，最近三年（2010—2013）您到广东来了多少次？（　　）次
3. 这次到广东采取什么旅行方式？ 单选
   - □（1）旅行社参团　　□（2）公司/社团组织　　□（3）自助游
4. 您这次旅行的目的地有哪些？
   - □（1）只有广东。
   - □（2）除了广东，还有什么地方？ _____

     _____
5. 这次旅行计划一共多少天？（　　）天。其中，在广东停留多少天？（　　）天

6. 在广东期间，您体验了以下哪些活动？可多选

□（1）自然生态景点　□（2）历史文化遗迹　□（3）海滨休闲
□（4）乡村旅游　　　□（5）主题乐园　　　□（6）城市观光
□（7）美食　　　　　□（8）温泉　　　　　□（9）参观展馆
□（10）购物　　　　 □（11）高尔夫　　　 □（12）漂流
□（13）夜间娱乐　　 □（14）观看演出
□（15）按摩/美容美体　　□（16）游船/游艇
□（17）户外体育运动　　 □（18）节事庆典

7. 您去过以下哪些广东景点？可多选

地区	景点
□广州	□（1）广州塔 □（2）越秀公园 □（3）陈家祠 □（4）天河城 □（5）北京路 □（6）白云山 □（7）上下九 □（8）中山纪念堂 □（9）沙面 □（10）南越王墓 □（11）光孝寺 □（12）莲花山 □（13）长隆乐园 □（14）宝墨园 □（15）岭南印象园 □（16）南海神庙 □（17）烈士陵园
□深圳	□（18）世界之窗 □（19）锦绣中华 □（20）欢乐谷 □（21）东部华侨城 □（22）观澜湖 □（23）大小梅沙 □（24）明思克航母世界
□珠海	□（25）情侣路及渔女雕像 □（26）圆明新园 □（27）海泉湾
□东莞	□（28）鸦片战争博物馆 □（29）松山湖 □（30）欢笑天地 □（31）粤晖园 □（32）可园
□佛山	□（33）佛山祖庙 □（34）南风古灶 □（35）清晖园 □（36）长鹿农庄 □（37）南国桃园 □（38）李小龙乐园
□中山	□（39）孙中山故居 □（40）詹园
□江门	□（41）开平碉楼 □（42）小鸟天堂 □（43）上下川岛
□惠州	□（44）西湖 □（45）罗浮山 □（46）南昆山 □（47）巽寮湾
□肇庆	□（48）星湖 □（49）鼎湖山
□粤北	□（50）丹霞山 □（51）南华寺 □（52）连州地下河
□粤东	□（53）潮州古城 □（54）玄武山 □（55）南澳岛

（续上表）

地区	景点
□粤东北	□（56）雁南飞茶田 □（57）万绿湖
□粤西	□（58）湛江港湾 □（59）海陵岛 □（60）国恩寺 □（61）放鸡岛

此外去过的地方，请注明：_____

8. 您对这次旅游印象较好之处有哪些？可多选
  □（1）气候宜人 □（2）环境舒适
  □（3）有历史文化底蕴 □（4）食物好吃
  □（5）住宿设施好 □（6）休闲娱乐活动丰富
  □（7）景点有吸引力 □（8）物美价廉
  □（9）干净卫生 □（10）交通便捷
  □（11）其他_____

9. 您对这次旅游印象较差之处有哪些？可多选
  □（1）语言沟通困难 □（2）旅游资讯缺乏
  □（3）旅游从业者服务态度不好 □（4）环境污染
  □（5）公共卫生差 □（6）市区公众交通不便
  □（7）指示牌不明 □（8）出入境手续不便捷
  □（9）机场旅游服务设施不完善
  □（10）其他_____

10. 总体而言，您对这次广东之旅的印象如何？
  □（1）很差 □（2）比较差 □（3）一般
  □（4）比较好 □（5）非常好

11. 总体而言，您对这次广东之旅满意吗？
  □（1）很不满意 □（2）不太满意 □（3）一般
  □（4）比较满意 □（5）很满意

12. 未来三年，您还想来广东旅游吗？
  □（1）非常不想 □（2）不太想 □（3）一般
  □（4）比较想 □（5）非常想

以下是关于您最喜爱的中国城市的评价：

13. 这次中国之行，您印象最好的是哪个城市？

    □（1）广州　□（2）深圳　□（3）东莞　□（4）佛山

    □（5）珠海　□（6）中山　□（7）香港　□（8）澳门

    □（9）北京　□（10）上海　□（11）天津　□（12）杭州

    □（13）厦门　□（14）桂林　□（15）西安　□（16）三亚

    □（17）昆明　□（18）成都

    □（19）其他：＿＿＿＿＿＿＿＿＿

14. 如果把一个地方比作一个人，请用以下词语描述上题您所选择的城市，并根据您认为的合适程度，对下列形容词进行打分，分值越高表示越合适。

序号	形容词	非常合适	比较合适	中立	不太合适	非常不合适
1	leisurely 悠闲的	5	4	3	2	1
2	contemporary 现代的	5	4	3	2	1
3	cosmopolitan 世界性的	5	4	3	2	1
4	easygoing 随和的	5	4	3	2	1
5	traditional 传统的	5	4	3	2	1
6	romantic 浪漫的	5	4	3	2	1
7	glamorous 魅力的	5	4	3	2	1
8	down-to-earth 务实的	5	4	3	2	1
9	successful 繁荣的/卓越的	5	4	3	2	1
10	peaceful 平和的	5	4	3	2	1
11	unique 独特的	5	4	3	2	1
12	artistic 艺术的	5	4	3	2	1
13	original 独创的	5	4	3	2	1
14	diverse 多样的	5	4	3	2	1
15	amusing 有趣的	5	4	3	2	1
16	charming 迷人的	5	4	3	2	1

（续上表）

序号	形容词	非常合适	比较合适	中立	不太合适	非常不合适
17	innovative 创新的	5	4	3	2	1
18	sincere 真诚的	5	4	3	2	1
19	elegant 优雅的	5	4	3	2	1
20	industrious 勤劳的	5	4	3	2	1
21	harmony 和谐的	5	4	3	2	1
22	disciplined 守纪律的	5	4	3	2	1
23	simple 纯朴的	5	4	3	2	1
24	up-to-date 时尚的	5	4	3	2	1
25	energetic 精力充沛的	5	4	3	2	1
26	courteous 礼貌的	5	4	3	2	1
27	vibrant 充满生气的	5	4	3	2	1
28	adventurous 冒险的	5	4	3	2	1
29	consumerist 消费主义的	5	4	3	2	1
30	independent 独立的	5	4	3	2	1
31	intelligent 智慧的	5	4	3	2	1
32	reliable 可靠的	5	4	3	2	1
33	confident 自信的	5	4	3	2	1
34	exciting 兴奋的	5	4	3	2	1
35	modest 谦虚的	5	4	3	2	1
36	extroverted 外向的	5	4	3	2	1
37	good-looking 美貌的	5	4	3	2	1
38	sociable 善社交的	5	4	3	2	1
39	optimistic 乐观的	5	4	3	2	1
40	dynamic 动感的	5	4	3	2	1
41	rugged 粗犷的	5	4	3	2	1

（续上表）

序号	形容词	非常合适	比较合适	中立	不太合适	非常不合适
42	daring 大胆的	5	4	3	2	1
43	imaginative 想象丰富的	5	4	3	2	1
44	family-oriented 适合家庭的	5	4	3	2	1
45	responsible 尽职尽责的	5	4	3	2	1
46	outdoorsy 户外的	5	4	3	2	1
47	tough 坚强的	5	4	3	2	1
48	hospitable 好客的	5	4	3	2	1
49	cultural 文化的	5	4	3	2	1
50	amazing 惊奇的	5	4	3	2	1
51	cheerful 欢乐的	5	4	3	2	1
52	wholesome 健全的	5	4	3	2	1

以下是关于您的基本情况：

15. 您的性别：
　　□（1）男　□（2）女
16. 您的年龄：
　　□（1）15～24 岁　□（2）25～34 岁　□（3）35～44 岁
　　□（4）45～54 岁　□（5）55～64 岁　□（6）65 岁以上
17. 您的学历：
　　□（1）高中及以下　□（2）大学毕业　□（3）硕士及以上
18. 您的职业：
　　□（1）公务员/政府雇员/军警　　□（2）企业家/公司高管
　　□（3）专业人士教师/医生/律师等　□（4）私营业主/个体户
　　□（5）技术人员/科研人员　　　□（6）文员/技工
　　□（7）销售/服务人员　　　　　□（8）自由职业者
　　□（9）农民　　　　　　　　　□（10）离退休者
　　□（11）学生　　　　　　　　□（12）家庭主妇
　　□（13）其他＿＿＿＿＿＿＿＿＿＿＿＿

19. 您的家庭年收入水平（包括本人及同住家人的收入）：
    □（1）5 000 美元以下
    □（2）5 001～10 000 美元
    □（3）10 001～30 000 美元
    □（4）30 001～50 000 美元
    □（5）50 001～100 000 美元
    □（6）100 000 万美元以上

上述收入包括家庭成员多少人？（ ）人

20. 您的婚姻状况：□（1）单身 □（2）已婚 □（3）其他

21. 您来自：_____（国家）

非常感谢您的配合！

问卷 2：中国旅游城市品牌个性调查问卷英文版

THE SURVEY ABOUT BRAND PERSONALITY OF CHINESE CITIES

> This questionnaire seeks to obtain information about your travel experience while in China. The questionnaire is being conducted for service improvements. Your answers are entirely confidential and anonymous. Most questions can be answered by ticking the number that corresponds to your answer with a particular aspect of your tourist experience. For example, *if your purpose for visiting Guangdong is sightseeing*, you would tick number (1)：√ (1)...Some questions can be specified. For example, *How many times have you been in Guangdong including this current time*, you would specify twice. Thank you!
>
> 2013

1. What was the main purpose for your visit to Guangdong?
   - ☐ (1) Sightseeing
   - ☐ (2) Leisure/holiday
   - ☐ (3) Visiting families/friends
   - ☐ (4) Business/conference
   - ☐ (5) Education/training
   - ☐ (6) Culture/sports/science & technology exchanges
   - ☐ (7) Health/medical reasons
   - ☐ (8) Religions
   - ☐ (9) Transit
   - ☐ (10) Other：_____

2. How many times have you been to Guangdong in recent 3 years (2010 – 2013) including this current visit? _____

3. What type of tour did you choose for Guangdong visit?
   - ☐ (1) Package tour
   - ☐ (2) Tour organized by company/institute

□（3）Self-guided tour

4. Which places were/are the destinations in your current visit?

　　□（1）Only in Guangdong.

　　□（2）Other（please specify）: _____

5. How long is/was your stay in China this time? _____days. How long is/was your stay in Guangdong this time? _____days.

6. Which activities did you participate in during your stay in Guangdong?

　　□（1）Natural/ecological scenic spots

　　□（2）Cultural & historic sites

　　□（3）Beaches　□（4）Countrysidetours　□（5）Theme parks

　　□（6）City tour　□（7）Local cuisine　　□（8）Spring spa

　　□（9）Exhibition tours

　　□（10）Shopping□（11）Golf

　　□（12）Drifting　□（13）Nightlife

　　□（14）Shows & performance　□（15）Massage/beauty

　　□（16）Boat/yachtcruises　　□（17）Outdoors sports

　　□（18）Festivals & events

7. Where have you been to the following cities during your Guangdong visit?

City	Scenic Spots
□ Guangzhou	□（1）Canton Tower □（2）Yuexiu Park □（3）Chen Clan Temple □（4）TeeMall □（5）Beijinglu Pedestrian St. □（6）Baiyun Mountain □（7）Shangxiajiulu Pedestrian St. □（8）Memorial Hall to Dr. Sun Yat-sen □（9）Shameen Island □（10）The Museum of The Nanyue King Mausoleum □（11）Guangxiao Temple □（12）Lianhua（Lotus）Mountain □（13）Chime Long Amusement Park □（14）Baomo Garden □（15）Garden of Lingnan Impression □（16）Immortal Temple of South Sea □（17）Martyrs's Memorial Park

（continued）

City	Scenic Spots
☐ Shenzhen	☐ （18） Window of the World ☐ （19） Splendid China ☐ （20） Happy Valley ☐ （21） Overseas Chinese Town ☐ （22） Mission Hills ☐ （23） Dameisha Beach & Xiaomeisha Resort ☐ （24） CITIC Minsk World
☐ Zhuhai	☐ （25） Qinglulu Road & Statue of Fishermaiden ☐ （26） New Yuan Ming Palace ☐ （27） Ocean Spring Resort
☐ Dongguan	☐ （28） Opium War Museum ☐ （29） Songshan Lake ☐ （30） Amazing World ☐ （31） Yue Hui Garden ☐ （32） Ke Yuan Garden
☐ Foshan	☐ （33） Foshan Zumiao Museum ☐ （34） Ancient Nanfeng Kiln ☐ （35） Qing Hui Garden ☐ （36） Chuan Lord Mano ☐ （37） Nan Guo Peach Garden ☐ （38） Bruce Lee Paradise
☐ Zhongshan	☐ （39） The Museum of Dr. Sun Yat-sen ☐ （40） Zhan Yuan Garden
☐ Jiangmen	☐ （41） Kaiping Diaolou （Watch Tower） ☐ （42） Birds Paradise ☐ （43） Shangxiachuang Island
☐ Huizhou	☐ （44） West Lake ☐ （45） Luofu Mountain ☐ （46） Nankun Mountain ☐ （47） Xunliao Bay
☐ Zhaoqin	☐ （48） Star Lake ☐ （49） Dinghu Mountain
☐ North Guangdong	☐ （50） Mt. Danxiashan ☐ （51） Nanhua Temple ☐ （52） Lianzhou Subterranean River
☐ East Guangdong	☐ （53） Chaozhou （Teochow） Old Town ☐ （54） Xuanwu Mountain ☐ （55） Nan'ao Island
☐ North-East Guangdong	☐ （56） Yannanfei Tea Farm ☐ （57） Wanlv Lake
☐ West Guangdong	☐ （58） Zhanjiang Harbor ☐ （59） Hailin Island ☐ （60） Guoen Temple ☐ （61） Fanji Island

Have you been to any other places in Guangdong? Please write your answer below: _____.

8. What is your good impression on Guangdong?

☐ (1) Agreeable climate

☐ (2) Livable environment

☐ (3) Historic and cultural atmosphere

☐ (4) Tasty food

☐ (5) Good accommodation

☐ (6) Diversified entertainment

☐ (7) Attractive sights

☐ (8) Affordable price

☐ (9) Good standard of cleanness & hygiene

☐ (10) Convenient transport

☐ (11) Other (please specify): _____

9. What is your bad impression on Guangdong?

☐ (1) Difficulties in language communication

☐ (2) Shortage of tourism information

☐ (3) Bad service of tourism employees

☐ (4) Polluted environment

☐ (5) Lower standard of public hygiene

☐ (6) Inconveniences of urban public transport

☐ (7) Disadvantages of public signs

☐ (8) Inconvenient immigration & customs procedures

☐ (9) Disadvantages of tourism service facilities at the airport

☐ (10) Other (please specify): _____

10. What is your overall impression on this Guangdong visit?

☐ (1) Very bad   ☐ (2) Bad   ☐ (3) Fair

☐ (4) Good   ☐ (5) Very good

11. Overall, are you satisfied with your visit in Guangdong?

☐ (1) Very unsatisfied   ☐ (2) Unsatisfied   ☐ (3) Fair

☐ (4) Satisfied   ☐ (5) Very satisfied

12. Are you likely to re-visit Guangdong within 3 years?

☐ (1) Very unlikely   ☐ (2) Unlikely   ☐ (3) Fair

☐（4）Likely　　　　☐（5）Very likely

Please evaluate your favorite City in China.

13. What would you say is the most memorable city of your China visit this time?

☐（1）Guangzhou　　☐（2）Shenzhen　　☐（3）Dongguan

☐（4）Foshan　　　　☐（5）Zhuhai　　　☐（6）Zhongshan

☐（7）Hong Kong　　☐（8）Macao　　　☐（9）Beijing

☐（10）Shanghai　　☐（11）Tianjin　　☐（12）Hangzhou

☐（13）Xiamen　　　☐（14）Guilin　　　☐（15）Xi'an

☐（16）Sanya　　　　☐（17）Kunming　☐（18）Chengdu

☐（19）Other: _____

14. If you think of places as if they were persons, please use the following adjectives to describe the city you chose above, and rate the adjectives according to your subjective feeling, the higher the rate, more accurate to describe the city.

No.	Adj.	Extremely descriptive	Descriptive	Neutral	Not descriptive	Not at all descriptive
1	leisurely	5	4	3	2	1
2	contemporary	5	4	3	2	1
3	cosmopolitan	5	4	3	2	1
4	easygoing	5	4	3	2	1
5	traditional	5	4	3	2	1
6	romantic	5	4	3	2	1
7	glamorous	5	4	3	2	1
8	down-to-earth	5	4	3	2	1
9	successful	5	4	3	2	1
10	peaceful	5	4	3	2	1
11	unique	5	4	3	2	1
12	artistic	5	4	3	2	1
13	original	5	4	3	2	1

（continued）

No.	Adj.	Extremely descriptive	Descriptive	Neutral	Not descriptive	Not at all descriptive
14	diverse	5	4	3	2	1
15	amusing	5	4	3	2	1
16	charming	5	4	3	2	1
17	innovative	5	4	3	2	1
18	sincere	5	4	3	2	1
19	elegant	5	4	3	2	1
20	industrious	5	4	3	2	1
21	harmony	5	4	3	2	1
22	disciplined	5	4	3	2	1
23	simple	5	4	3	2	1
24	up-to-date	5	4	3	2	1
25	energetic	5	4	3	2	1
26	courteous	5	4	3	2	1
27	vibrant	5	4	3	2	1
28	adventurous	5	4	3	2	1
29	consumerist	5	4	3	2	1
30	independent	5	4	3	2	1
31	intelligent	5	4	3	2	1
32	reliable	5	4	3	2	1
33	confident	5	4	3	2	1
34	exciting	5	4	3	2	1
35	modest	5	4	3	2	1
36	extroverted	5	4	3	2	1
37	good-looking	5	4	3	2	1
38	sociable	5	4	3	2	1

(continued)

No.	Adj.	Extremely descriptive	Descriptive	Neutral	Not descriptive	Not at all descriptive
39	optimistic	5	4	3	2	1
40	dynamic	5	4	3	2	1
41	rugged	5	4	3	2	1
42	daring	5	4	3	2	1
43	imaginative	5	4	3	2	1
44	family-oriented	5	4	3	2	1
45	responsible	5	4	3	2	1
46	outdoorsy	5	4	3	2	1
47	tough	5	4	3	2	1
48	hospitable	5	4	3	2	1
49	cultural	5	4	3	2	1
50	amazing	5	4	3	2	1
51	cheerful	5	4	3	2	1
52	wholesome	5	4	3	2	1

We would like to ask you some questions about yourself.

(This is just to see if the answers given to the above questions are different for different groups of people.)

15. Are you □ (1) Male　□ (2) Female

16. How old are you?

　　□ (1) 15 – 24yrs　□ (2) 25 – 34yrs　□ (3) 35 – 44yrs

　　□ (4) 45 – 54yrs　□ (5) 55 – 64yrs　□ (6) 65yrs up

17. Which of the following best describes the highest level of education?

　　□ (1) Secondary education or lower

　　□ (2) Graduate degree

　　□ (3) Postgraduate qualification or higher

18. Which of the following best describes your main or most recent occupation?

☐ (1) Public services/military/police

☐ (2) Entrepreneur/high level executive

☐ (3) Professional：teacher/doctor/lawyer etc.

☐ (4) Private employers/self-employer

☐ (5) Technician/scientific researcher

☐ (6) Clerk/mechanic

☐ (7) Sales person/service staff

☐ (8) Freelancer

☐ (9) Agricultural worker

☐ (10) Retiree

☐ (11) Student

☐ (12) Housewife

☐ (13) Other：_____

19. How much is your annual household income? (USD)

☐ (1) 5,000 $ or lower ☐ (2) 5,001 - 10,000 $

☐ (3) 10,001 - 30,000 $ ☐ (4) 30,001 - 50,000 $

☐ (5) 50,001 - 100,000 $ ☐ (6) more than 100,000 $

How many family members does the income cover? ( ) person

20. Are you☐ (1) Single ☐ (2) Married ☐ (3) Other

21. Where are you from? _____Country/Nationality

Thank You Very Much For Your Participation.

附录二　中国旅游城市品牌个性图示

国际旅游展览是旅游目的地品牌竞争的现实舞台,世界各地旅游品牌在同时、同地向观众集中展示,为吸引观众眼球而竭尽所能。

中国(广东)国际旅游产业博览会的B2C大卖场,是从品牌推广到产品销售的一站式平台,3 000多家国内外旅游企业同台竞技,吸引观众近50万人次。

　　世界旅游市场竞争实质是旅游目的地品牌的竞争，无形的品牌价值只有依托有形的图案、口号才能有效地传递给目标受众，品牌标识广泛应用于宣传品印制、纪念品制作、广告投放、参展促销等营销实践活动中。

　　中国各省区市顺应世界营销潮流，积极实施目的地品牌战略，以多样化的设计，突出当地的独特个性。

北京王府井东安门夜市。商品琳琅满目、游人接踵摩肩的商业步行街是入境游客感知中国城市活力个性的载体。

成都春熙路。商店鳞次栉比、游人熙熙攘攘的商业步行街是入境游客感知中国城市活力个性的载体。

　　广州长隆乐园。充满欢乐和动感的主题乐园是入境游客感知中国城市活力个性的载体。

　　　　上海陆家嘴国际金融中心是象征当代中国城市现代化的标志性景观。

从广州塔上鸟瞰城市新中轴线，这是当代中国城市现代化的标志性景观。

深圳深南大道，崭新整齐的规划增添了城市的现代化气质。

　　北京天坛是古代帝王祭天的地方，其设计和布局是封建王朝合法性的象征，古代中国被称为"天朝"，天坛至今也是入境游客感知文化中国的标志性景观。

　　从景山公园鸟瞰紫禁城全景，这是入境游客感知文化中国的标志性景观。

西安小吃。地方特色美食是感知中国城市文化特质的重要载体。

广东早茶。地方特色美食是感知中国城市文化特质的重要载体。

雷峰塔上鸟瞰杭州西湖。泛舟西湖，感受中国城市的随和特质。

中国茶馆以及人们喝茶的情景，是感受中国城市随和特质的载体。

人们骑自行车出行的景象是感知中国城市随和特质的载体。

宁夏沙坡头景区。沙漠、骆驼是粗犷特质的原型。

深圳城市全景。连片的城镇化景观是产生粗犷感知的载体。

普通劳动者的生活艰辛是体验粗犷特质的载体。

普通民众对游客的微笑是感知真诚特质的载体。

旅游服务人员的笑脸是感知真诚特质的载体。

上海豫园。传统与现代和谐共存是当代中国城市的独特魅力所在。

厦门鼓浪屿。传统与现代和谐共存是当代中国城市的独特魅力所在。

（以上图片均来自中国国家旅游局驻首尔办事处图库）

参考文献

［1］ AAKER D A. Building strong brands ［M］. New York: Free Press, 1996.

［2］ AAKER D, JOACHIMSTHALER E. Brand leadership ［M］. New York: Free Press, 2000.

［3］ COSTA P T Jr, MCRAE R R. Revised NEO Personality Inventory (NEO-PI-R) and NEO Five-Factor Inventory (NEO-FFI) professional manual ［M］. Odessa, Florida: Psychological Assessment Resources, Inc. , 1992.

［4］ GUTHRIE S E. Anthropomorphism: a definition and a theory // MITCHELL R, THOMPSON W, MILES H. Anthropomorphism, anecdotes, and animals ［M］. Albany: State University of New York Press, 1997.

［5］ HALLIDAY M A K. Language as social semiotic: the social interpretation of language and meaning ［M］. London: Edward Arnold (Publishers) Limited, 1978.

［6］ HALLIDAY M A K, MARTIN J R. Writing science: literacy and discursive power ［M］. London: Falmer Press, 1993.

［7］ KELLER K L. Strategic brand management: building, measuring, and managing brand equity ［M］. 3rd ed. Upper Saddle River, NJ: Prentice Hall, 2008.

［8］ LAKOFF G, JOHNSON M. Metaphor we live by ［M］. Chicago: University of Chicago Press, 1980.

［9］ MAYER M. Madison avenue ［M］. New York: Harper, 1958.

［10］ PEARCE D. Tourist organizations ［M］. Wiley: New York, 1992.

［11］ RICHARDS A. The philosophy of rhetoric ［M］. New York: Oxford University Press, 1936.

［12］ SOANES C, STEVENSON A. Oxford dictionary of English ［M］. New York: Oxford University Press, 2005.

［13］ AAKER J. Dimensions of brand personality ［J］. Journal of marketing research, 1997, 34 (3).

[14] AAKER J, BENET-MARTÍNEZ V, GAROLERA J. Consumption symbols as carriers of culture: a study of Japanese and Spanish brand personality constructs [J]. Journal of personality and social psychology, 2001, 81 (3).

[15] AHMET U, SEYHMUS B. Brand personality of tourist destinations: an application of self-congruity theory [J]. Tourism management, 2011, 32 (1).

[16] AZOULAY, KAPFERER. Do brand personality scales really measure brand personality? [J]. The journal of brand management, 2003, 11 (2).

[17] BATRA R, LENK P, WEDEL M. Brand extension strategy planning: empirical estimation of brand-category personality fit and atypicality [J]. Journal of marketing research, 2010, 47 (2).

[18] BLAIN C, LEVY S E, BRENT R J R. Destination branding: insights and practices from destination management organizations [J]. Journal of travel research, 2005, 43 (4).

[19] BOSNJAK M, BOCHMANN V, HUFSCHMIDT T. Dimensions of brand personality attributions: a person-centric approach in the German cultural context [J]. Social behavior and personality, 2007, 35 (3).

[20] BUHALIS D. Marketing the competitive destination of the future [J]. Tourism management, 2000, 21 (1).

[21] CHEN C F, SAMBATH P. A closer look at destination: image, personality, relationship and loyalty [J]. Tourism management, 2013 (36).

[22] CHUNG K K, HAN D, SEUNG-BAE P. The effect of brand personality and brand identification on brand loyalty: applying the theory of social identification [J]. Japanese psychological research, 2001, 43 (4).

[23] CROMPTON J L. An assessment of the image of Mexico as a vacation destination and the influence of geographical location upon that image [J]. Journal of travel research, 1979, 17 (4).

[24] D'ASTOUS A, BOUJBEL L. Positioning countries on personality dimensions: scale development and implications for country marketing [J]. Journal of business research, 2007, 60 (3).

[25] DANIEL W. The effect of employee behavior on brand personality impressions and brand attitudes [J]. Journal of the Acad. Mark. Sci., 2009 (37).

[26] ECHTNER C M, RITCHIE B. The measurement of destination im-

age: an empirical assessment [J]. Journal of travel research, 1993, 31 (4).

[27] FAUCONNIER, TURNER. Conceptual integration networks [J]. Cognitive science, 1998, 22 (2).

[28] FERRANDI J M, VALETTE-FLORENCE S, FINE-FALCY. Aaker's brand personality scale in a French context: a replication and a preliminary test of its validity [J]. Proceedings of academy of marketing science, 2000 (23).

[29] FOURNIER S. Consumers and their brands: developing relationship theory in consumer research [J]. Journal of consumer research, 1998, 24 (4).

[30] GORAN M, BORIS MLAČIĆ. Brand personality and human personality: findings from ratings of familiar Croatian brands [J]. Journal of business research, 2007, 60 (6).

[31] JIA Y, ESTHER B, JILLIAN C. SWEENEY. Comparing factor analytical and circumplex models of brand personality in brand positioning [J]. Psychology & marketing, 2009, 26 (10).

[32] JILLIAN C. SWEENEY, CAROL B. Brand personality: exploring the potential to move from factor analytical to circumplex models [J]. Psychology & marketing, 2006, 23 (8).

[33] JOSÉI ROJAS-MÉNDEZ, STEVEN A M, NICOLAS P. The U. S. brand personality: a Sino perspective [J]. Journal of business research, 2013, 66 (8).

[34] KOLTER P, BARICH H. A framework for marketing image management [J]. Sloan management review, 1991, 32 (2).

[35] MAGGIE G, BERT W, KRISTOF DE WULF. A new measure of brand personality [J]. International journal of research in marketing, 2009, 26 (2).

[36] MARK A. Brand personality factor based models: a critical review [J]. Australasian marketing journal, 2012, 20 (1).

[37] MARTINEAU P. The personality of a retail store [J]. Harvard business review, 1958 (36).

[38] MURPHY L, MOSCARDO G, BENCKENDORFF P. Using brand personality to differentiate regional tourism destinations [J]. Journal of travel research, 2007, 46 (1).

[39] NATALIA M, CELE O, MAGNE S. Consumers' perceptions of the dimensions of brand personality [J]. Journal of consumer behaviour, 2011, 10 (5).

［40］PIERRE VALETTE-FLORENCE, HAYTHEM G, DWIGHT M. The impact of brand personality and sales promotions on brand equity ［J］. Journal of business research, 2011（64）.

［41］PITT L F, OPOKU R, HULTMAN M, ABRATT R, SPYROPOULOU S. What I say about myself: communication of brand personality by African countries ［J］. Tourism management, 2007, 28（3）.

［42］RICHARD R, KLINK, GERARD A, ATHAIDE. Creating brand personality with brand names ［J］. Marketing letters, 2012, 23（1）.

［43］ROSARIA L G, PEREIRA, ANTONIA L, CORREIA, RONALDO L A, SCHUTZ. Destination branding: a critical overview ［J］. Journal of quality assurance in hospitality & tourism, 2012, 13（2）.

［44］RUSSELL J, BRANAGHAN, EMILY A, HILDEBRAND. Brand personality, self-congruity, and preference: a knowledge structures approach ［J］. Journal of consumer behaviour, 2011（10）.

［45］SAHIN S, BALOGLU S. Brand personality and destination image of Istanbul: a comparison across nationalities ［J］. Paper presented at the 14th annual graduate student research conference in hospitality and tourism, Las Vegas, NV, 2009.

［46］SAMEER H, YUKSEL E, MUZAFFER U. Destination image and destination personality: an application of branding theories to tourism places ［J］. Journal of business research, 2006, 59（5）.

［47］SEYHMUS B, KEN W, MCCLEARY. A model of destination image formation ［J］. Annals of tourism research, 1999, 26（4）.

［48］SHANK M, LANGMEYER L. Does personality influence brand image? ［J］ Journal of psychology, 1994, 128（2）.

［49］Sirgy M J. Self-concept in consumer behavior: a critical review ［J］. Journal of consumer research, 1982, 9（3）.

［50］SOYEON K, XINRAN Y L. Projected and perceived destination brand personalities: the case of South Korea ［J］. Journal of travel research, 2013, 52（1）.

［51］STERNB B. What does brand mean? Historical-analysis method and construct definition ［J］. Journal of the academic marketing science, 2006, 34（2）.

［52］SUNG Y J, SPENCER F T. Brand personality structures in the United States and Korea：common and culture-specific factors ［J］. Journal of consumer psychology, 2005, 15（4）.

［53］YUKSEL E, SAMEER H. Destination personality：an application of brand personality to tourism destinations ［J］. Journal of travel research, 2006, 45（2）.

［54］阿普绍. 塑造品牌特征——市场竞争中通向成功的策略［M］. 戴贤远，译. 北京：清华大学出版社，1999.

［55］伯格. 人格心理学［M］. 陈会昌，译. 北京：中国轻工业出版社，2010.

［56］费斯特. 人格理论［M］. 李茹，译. 北京：人民卫生出版社，2011.

［57］科特勒，等. 市场营销管理：亚洲版. 第3版［M］. 梅清豪，译. 北京：中国人民大学出版社，2004.

［58］伊本·白图素，口述，朱岊，笔录. 异境奇观：伊本·白图泰游记：全译本［M］. 李光斌，译. 北京：海洋出版社，2008.

［59］温格瑞尔，斯密特. 认知语言学导论［M］. 2版. 彭利贞，译. 上海：复旦大学出版社，2009.

［60］沙海昂. 马可·波罗行纪［M］. 冯承钧，译. 北京：中华书局，2003.

［61］阿林敦. 青龙过眼［M］. 叶凤美，译. 北京：中华书局，2011.

［62］卡弗，沙伊尔. 人格心理学：第5版［M］. 梁宁建，等译. 上海：上海人民出版社，2011.

［63］凯勒. 战略品牌管理：第3版［M］. 卢泰宏，吴水龙，译. 北京：中国人民大学出版社，2009.

［64］考勒斯. 心理语言学［M］. 张瑞岭，等译. 北京：人民卫生出版社，2012.

［65］拉森·巴斯. 人格心理学——人性的科学探索：第2版［M］. 郭永玉，等译. 北京：人民邮电出版社，2011.

［66］罗斯. 变化中的中国人［M］. 北京：中华书局，2006.

［67］马戈·塔夫脱·斯蒂弗，沈弘，詹姆斯·塔夫脱·斯蒂弗. 看东方：1905年美国政府代表团访华之行揭秘［M］. 杭州：浙江大学出版

社，2012.

[68] 明恩溥．中国人的气质 [M]．北京：中华书局，2006.

[69] 倪维思．中国和中国人 [M]．崔丽芳，译．北京：中华书局，2011.

[70] 曾德昭．大中国志 [M]．何高济，译．北京：商务印书馆，2012.

[71] 雷蒙·道森．中国变色龙：对于欧洲中国文明观的分析 [M]．常绍民，等译．北京：中华书局，2006.

[72] 陈建生，夏晓燕，姚尧．认知词汇学 [M]．北京：光明日报出版社，2011.

[73] 葛振家．崔溥《漂海录》评注 [M]．北京：线装书局，2002.

[74] 霍恩比．牛津高阶英汉双解词典：第 6 版 [M]．李北达，编译．北京：商务印书馆，2004.

[75] 解本亮．凝视中国：外国人眼里的中国人 [M]．北京：民族出版社，2004.

[76] 刘人怀．旅游工程管理研究 [M]．北京：科学出版社，2014.

[77] 刘人怀．旅游工程原理与实践 [M]．天津：百花出版社，1991.

[78] 阿拉伯无名氏．中国印度见闻录 [M]．穆根来，汶江，黄倬汉，译．北京：中华书局，1983

[79] 阮智富，郭忠新．现代汉语大词典 [M]．上海：上海辞书出版社，2009.

[80] 沈福伟．中西文化交流史 [M]．上海：上海人民出版社，1985.

[81] 田海龙．语篇研究：范畴、视角、方法 [M]．上海：上海外语教育出版社，2009.

[82] 吴明隆．SPSS 统计应用实务 [M]．北京：科学出版社，2003.

[83] 谢贵安，谢盛．中国旅游史 [M]．武汉：武汉大学出版社，2012.

[84] 许慎．说文解字：文白对照 [M]．李伯钦，注．北京：九州出版社，2012.

[85] 易丹辉．结构方程模型：方法与应用 [M]．北京：中国人民大学出版社，2008.

[86] 余建英，何旭宏．数据统计分析与 SPSS 应用 [M]．北京：人民邮电出版社，2003.

[87] 曾文雄．语用学的多维研究 [M]．杭州：浙江大学出版社，2009.

[88] 张俊彦．古代中国与西亚非洲的海上往来 [M]．北京：海洋出版社，1986.

[89] 张俐俐．近代中国旅游发展的经济透视 [M]．天津：天津大学出版社，1998.

[90] 张志毅，张庆云．词汇语义学 [M]．北京：商务印书馆，2001.

[91] 郑曦原．帝国的回忆：《纽约时报》晚清观察记：1854—1911 [M]．李方惠，等译．北京：当代中国出版社，2007.

[92] 周宁．世界之中国：域外中国形象研究 [M]．南京：南京大学出版社，2007.

[93] 崔昌原．品牌个性圆形模型研究 [J]．广告学研究，2010，21 (5).

[94] 金哲源，李泰淑．观光目的地的品牌个性测量尺度的作用：以庆州和济州为对象 [J]．观光学研究，2010，34 (8).

[95] 尹太焕．使用 BPS 的观光目的地品牌评价尺度开发：以都市品牌为对象 [J]．观光学研究，2009，33 (6).

[96] 白凯，马耀峰，李天顺．北京市入境游客感知行为研究 [J]．消费经济，2005 (3).

[97] 白凯，马耀峰．旅游者购物偏好行为研究——以西安入境旅游者为例 [J]．旅游学刊，2007 (11).

[98] 白凯．西安入境旅游品牌意象特征研究 [J]．人文地理，2011 (3).

[99] 白凯．国家地质公园品牌个性结构研究：一个量变开发的视角 [J]．资源科学，2011，33 (7).

[100] 曹高举．消费者自我概念、生活方式与选购产品品牌个性关系的研究 [D]．杭州：浙江大学，2005.

[101] 陈楠，乔光辉．基于感知—认知因素的奥运会后北京旅游形象变化研究——以入境游客为例 [J]．资源科学，2009 (6).

[102] 陈振东．基于 CBBE 视角的品牌年轻化研究：以品牌个性和品牌忠诚为视角 [J]．管理学报，2009 (7).

[103] 陈卓浩，鲁直．品牌个性匹配对品牌延伸态度影响研究——基于感知匹配度内涵的分析 [J]．中国工业经济，2008（10）．

[104] 丁道群，沈模卫．人格特质、网络社会支持与网络人际信任的关系 [J]．心理科学，2005，28（2）．

[105] 范为桥，张妙清，张建新，张树辉．兼顾文化共通性与特殊性的人格研究：CPAI 及其跨文化应用 [J]．心理学报，2011，43（12）．

[106] 甘怡群，张妙清，宛小昂，孙增霞．用中国人个性量表（CPAI）预测国有企业中高层管理者的绩效 [J]．应用心理学，2002，8（3）．

[107] 高静，焦勇兵．旅游目的地品牌差异化定位研究 [J]．旅游学刊，2014，29（3）．

[108] 高静．旅游目的地形象、定位及品牌化：概念辨析与关系模型 [J]．旅游学刊，2009，24（2）．

[109] 高军，马耀峰，吴必虎，郑鹏．外国游客对华旅游城市感知差异——以 11 个热点城市为例的实证分析 [J]．旅游学刊，2010a（5）．

[110] 高军，马耀峰，吴必虎．外国游客感知视角的我国入境旅游不足之处——基于扎根理论研究范式的分析 [J]．旅游科学，2010b（5）．

[111] 关辉，董大海．中国本土品牌形象对感知质量—顾客满意—品牌忠诚影响机制的实证研究——基于消费者视角 [J]．管理学报，2008，5（4）．

[112] 何佳讯，丛俊滋．"仁和"与"时新"：中国市场中品牌个性评价的关键维度及差异分析——以一个低涉入品类为例 [J]．华东师范大学学报（哲学社会科学版），2008，40（5）．

[113] 何琼峰，李仲广．基于入境游客感知的中国旅游服务质量演进特征和影响机制 [J]．人文地理，2014（1）．

[114] 黄敏儿，吴钟琦，唐淦琦．服务行业员工的人格特质、情绪劳动策略与心理健康的关系 [J]．心理学报，2010，42（12）．

[115] 黄胜兵，卢泰宏．品牌个性维度的本土化研究 [J]．南开管理评论，2003（1）．

[116] 黄攸立，丁芳．人格特质、组织承诺与离职意图关系的实证研究 [J]．管理学报，2007，4（3）．

[117] 姜海宁，陆玉麒，吕国庆．江苏省入境旅游经济的区域差异研究 [J]．旅游学刊，2009（1）．

[118] 金立印．基于品牌个性及品牌认同的品牌资产驱动模型研究 [J]．

北京工商大学学报（社会科学版），2006，21（1）．

［119］李创新，马耀峰，贺雅坤，褚玉良，张颖．1994—2008 年西部入境旅游典型省份客流集散时空动态研究——以陕西、四川、云南为例［J］．旅游学刊，2011（7）．

［120］李宏．对旅游目的地形象概念的两种理解［J］．旅游学刊，2006，21（6）．

［121］李天元，张凌云，沈雪瑞．国际旅游文献中若干术语的汉译表述：问题与探讨［J］．旅游科学，2012，26（5）．

［122］李天元．旅游目的地定位研究中的几个理论问题［J］．旅游科学，2007，21（4）．

［123］李永强，毛雨，白璇，曾峥．自我概念与品牌个性匹配研究［J］．软科学，2008，22（6）．

［124］李悦．论隐喻性词语的功能、构成及理解［J］．西安外国语学院学报，2005（1）．

［125］林福永，孙凯．复杂网络关系流与行为关系定理——一般系统结构理论在复杂网络中的应用［J］．系统工程理论与实践，2007（9）．

［126］刘春济，高静．基于亲景度与竞争态的上海入境旅游市场分析［J］．人文地理，2007（3）．

［127］刘宏盈，马耀峰．基于旅游流转移视角的云南入境旅游发展历程分析［J］．旅游学刊，2008（7）．

［128］刘世理．指称、意义和语境——隐喻意义的语用分析［J］．外语与外语教学，2006（5）．

［129］刘云红．认知隐喻理论再研究［J］．外语与外语教学，2005（8）．

［130］马丽君，孙根年，马耀峰，王洁洁．气候舒适度对热点城市入境游客时空变化的影响［J］．旅游学刊，2011（1）．

［131］马秋芳，杨新军，康俊香．传统旅游城市入境游客满意度评价及其期望—感知特征差异分析——以西安欧美游客为例［J］．旅游学刊，2006（2）．

［132］马晓龙，保继刚．基于数据包络分析的中国主要城市旅游效率评价［J］．资源科学，2010（1）．

［133］马晓龙．中国主要城市旅游效率及其全要素生产率评价：1995—2005［D］．广州：中山大学，2008．

［134］马耀峰，李永军．中国入境旅游流的空间分析［J］．陕西师范

大学学报（自然科学版），2000（3）.

［135］马耀峰，张佑印，白凯，李君轶，程圩，刘宏盈. 中国入境外国游客旅游行为研究［J］. 人文地理，2008（2）.

［136］庞世明，张凌云，陆琪，吴平. 北京入境旅游市场景气指数研究——基于国际货物贸易和入境旅游的关系［J］. 北京第二外国语学院学报，2013（9）.

［137］彭利元. 情景语境与文化语境异同考辨［J］. 四川外语学院学报，2008，24（1）.

［138］曲颖，李天元. 旅游目的地非功用性定位研究——以目的地品牌个性为分析指标［J］. 旅游学刊，2012，27（9）.

［139］曲颖，李天元. 旅游目的地形象、定位和品牌化：概念辨析和关系阐释［J］. 旅游科学，2011，25（4）.

［140］任绍曾. 概念隐喻及其语篇体现——对体现概念隐喻的语篇的多维分析［J］. 外语与外语教学，2006（10）.

［141］束定芳. 论隐喻的本质及语义特征［J］. 外国语（上海外国语大学学报），1998（6）.

［142］束定芳. 论隐喻的理解过程及其特点［J］. 外语教学与研究，2000，32（4）.

［143］束定芳. 论隐喻的认知功能［J］. 外语研究，2001（2）.

［144］束定芳. 中国认知语言学二十年——回顾与反思［J］. 现代外语，2009，32（3）.

［145］束定芳. 认知语言学研究方法［M］. 上海：上海外语教育出版社，2013.

［146］宋维真，张建新，张建平，张妙清，梁觉. 编制中国人个性测量表（CPAI）的意义与程序［J］. 心理学报，1993（4）.

［147］宋振春. 入境旅游与近代中国的开放［J］. 文史哲，2004（6）.

［148］孙根年，杨忍，姚宏. 基于重心模型的中国入境旅游地域结构演变研究［J］. 干旱区资源与环境，2008（7）.

［149］唐小飞，黄兴，夏秋馨，郑杰. 中国传统古村镇品牌个性特征对游客重游意愿的影响研究——以束河古镇、周庄古镇、阆中古镇和平遥古镇为例［J］. 旅游学刊，2011，26（9）.

［150］童珊. 从传统语境到认知语境——语境理论的动态发展［J］. 国外理论动态，2009（3）.

［151］王保利，江思恩，孙巍．国外品牌人格研究述评［J］．心理科学进展，2009，17（5）．

［152］王纯阳，黄福才．中国入境旅游需求影响因素分析及预测——以外国客源市场为例［J］．商业经济与管理，2009（9）．

［153］王登峰，崔红．中国人人格量表的信度与效度［J］．心理学报，2004，36（3）．

［154］王文斌．隐喻性词义的生成和演变［J］．外语与外语教学，2007（4）．

［155］吴本虎．隐喻认知的联想方式分析［J］．西安外国语大学学报，2007（3）．

［156］吴江华，葛兆帅，杨达源．基于人工神经网络的国际入境旅游需求的定量分析与预测——以日本对香港的国际旅游需求分析为例［J］．旅游学刊，2002（3）．

［157］吴水龙，等．功能属性和品牌个性对购买决策的影响——以家用轿车行业为例［J］．北京理工大学学报（社会科学版），2014，16（1）．

［158］谢祥项，刘人怀．论系统论与综合集成法在旅游科学研究的应用［J］．系统科学学报，2012，20（2）．

［159］徐千里．全球化与地域性——一个"现代性"问题［J］．建筑师，2004（3）．

［160］许姗．论亚里士多德范畴理论在西方哲学范畴史上的地位［J］．湖北函授大学学报，2008（1）．

［161］燕国材，刘同辉．中国古代传统的五因素人格理论［J］．心理科学，2005，28（4）．

［162］杨建．论传教士对近代中国旅游的影响［J］．黄山学院学报，2006，8（2）．

［163］张宏梅，陆林，朱道才．基于旅游动机的入境旅游者市场细分策略——以桂林阳朔入境旅游者为例［J］．人文地理，2010（4）．

［164］张俊妮，江明华，庞隽．品牌个性与消费者个性相关关系的实证研究［J］．经济科学，2005（6）．

［165］张俐俐．近代中国国际旅游客源市场分析［J］．南开经济研究，1997（6）．

［166］张锐，张炎炎，周敏．论品牌的内涵与外延［J］．管理学报，2010，7（1）．

［167］张文彤. 世界优秀统计工具 SPSS 11 统计分析教程（高级篇）［M］. 北京：希望电子出版社，2002.

［168］张佑印，马耀峰. 基于形象修正的旅游者感知行为分析——以日本入境市场为例［J］. 旅游学刊，2007（10）.

［169］赵东喜. 中国省际入境旅游发展影响因素研究——基于分省面板数据分析［J］. 旅游学刊，2008（1）.

［170］赵卫宏. 消费者自我概念结构维度对品牌个性的相对影响力研究［J］. 商业经济与管理，2009（1）.

［171］赵胤伶，曾绪. 高语境文化与低语境文化中的交际差异比较［J］. 西南科技大学学报（哲学社会科学版），2009，26（2）.

［172］周宁. 跨文化形象学：以中国为方法——《世界的中国形象研究丛书》总序［J］. 社会科学论坛，2010（3）.

［173］周宁. 跨文化形象学：问题与方法的困境［J］. 厦门大学学报（哲学社会科学版），2012（5）.

［174］周应堂，欧阳瑞凡. 品牌理论及农产品品牌化战略理论综述［J］. 江西农业大学学报（社会科学版），2007，6（1）.

后 记

　　本书为笔者在博士学位论文基础上进一步提炼完善的成果。2014年6月博士学位论文答辩结束后，我因工作调动，于同年10月从广东省旅游局旅游发展研究中心借调到中国国家旅游局驻首尔办事处工作。从地方研究人员到国际旅游营销前线管理者的角色转变，给予我将理论与实践进行结合的机会，也使我深刻意识到旅游目的地品牌在国际营销竞争中的重要性。于此期间我开始着手论文的出版工作，希望通过将理论成果和实践思考进行整理，为广大旅游营销管理者呈现一份值得参考借鉴的读物。我利用夜晚和周末的零碎时间，笔耕不辍，最终完成了本书的写作。后期修改内容主要包括：扩充了整体样本数量，重复测量了数据的信效度，反复斟酌了个别用词遣句，增加了中国旅游城市品牌个性构成维度对于实践应用的思考，补充了便于读者理解中国旅游城市品牌个性的摄影图片。

　　本书从选题确定到最终成书，贯穿了笔者三年的博士学习加两年的驻外工作，可以说，这本书不仅包含我对学术的粗浅理解，还渗透这一阶段我对生活的领悟。吾生也有涯，而知也无涯，用有限的生命追求无限的学术，其中的苦与乐、得与失，令人感触良多。由于个人能力有限，成书过程耗时较长，我常安慰自己，文章如酒，需要用时间酿成。这份付出只为能更真实、更准确地记录入境游客如何看待我们所处的这个时代。

　　在本书将付梓之际，我要感谢导师刘人怀教授，从论文选题到定稿成书，每一步都凝聚着他的悉心指导。无论他的工作多么繁忙，学生的事他总是放在首位，这一点让我非常感动。他是一位充满人格魅力的人生导师，无论是在教室、讲坛或学术会议，还是在餐桌、茶座或户外，他都言传身教，教会我如何做人、做事、做学问。他以饱满的爱国热情和执着的学术信仰，孜孜不倦地在管理科学中国化的道路上辛勤耕耘。他的许多语重心长的话语，让我永远铭记于心。

　　我要感谢暨南大学旅游管理系的梁明珠教授、刘益教授、董观志教授、温碧燕教授、王华副教授、傅云新副教授、文彤副教授、文吉副教授、汪会玲副教授，他们毫无保留地热心指导，是我在学术道路上不断前行的动力。

　　我要感谢我的工作部门广东省旅游局和国家旅游局驻首尔办事处领导对我工作学习的鼓励和支持，感谢我所在的单位广东省旅游局旅游发展研究中心的同事们对我读博和驻外期间在工作上的理解和帮助，本书得以顺利出版离不开他们的关怀。

　　我还要感谢家人的无私奉献，他们不辞辛劳，为我营造了一个清静的学习环境，让我得以从烦琐的家务中抽身专心投入论文写作。我要感谢妻子潘玲，她是我的爱人、知己以及生命中的一部分。儿子言言在我准备博士入学考试时出生，一直伴随身边，和他一起成长，是我最大的快乐。

　　虽然文稿付梓，但囿于学识有限，书中仍存在不少纰漏，恳请读者不吝指正。

梁江川
2016 年 3 月于韩国首尔